Edmond Rostand

Cyrano de Bergerac

Romantische Komödie in fünf Aufzügen

Übersetzt von Ludwig Fulda

Edmond Rostand: Cyrano de Bergerac. Romantische Komödie in fünf Aufzügen

Übersetzt von Ludwig Fulda.

Uraufführung: 28.12.1897 am Pariser Théâtre de la Porte Saint-Martin. Hier in der Übersetzung von Ludwig Fulda, 1898.

Neuausgabe
Herausgegeben von Karl-Maria Guth
Berlin 2016

Umschlaggestaltung von Thomas Schultz-Overhage unter Verwendung des Bildes: Der Schauspieler Benoît-Constant Coquelin als Cyrano de Bergerac. Illustration von Percy Anderson, 1906.

Gesetzt aus der Minion Pro, 11 pt

Verlag: Henricus - Edition Deutsche Klassik GmbH
Mörchinger Str. 33, 14169 Berlin, info@henricus-verlag.de
Druck: Libri Plureos GmbH, Friedensallee 273, 22763 Hamburg

ISBN 978-3-8430-8946-3

Bibliografische Information der Deutschen Nationalbibliothek

Die Deutsche Nationalbibliothek verzeichnet diese Publikation in der Deutschen Nationalbibliografie; detaillierte bibliografische Daten sind im Internet über www.dnb.de abrufbar.

Personen

Cyrano von Bergerac

Christian von Neuvillette

Graf Guiche

Vicomte Valvert

Ragueneau

Lise, seine Frau

Le Bret, Cyranos Freund

Hauptmann Carbon von Castel-Jaloux

Lignière

Cuigy,
Brissaille, Edelleute

Bellerose,
Jodelet,
Montfleury, Schauspieler

Roxane, Cyranos Cousine

Ihre Duenna

Schwester Marthe,
Schwester Claire,
Mutter Marguerite, Nonnen

Die Kadetten

Erster,
Zweiter,
Dritter Marquis

Ein Mißvergnügter

Erster,
Zweiter Musketier

Ein spanischer Offizier

Ein Chevauxleger

Der Portier

Ein Bürger

Sein Sohn

Ein Taschenspieler

Ein Zuschauer

Ein Gardist

Bertrandou, der Pfeifer

Ein Kapuziner

Zwei Musiker

Die Poeten

Die Pastetenbäcker (Köche)

Die Büfettdame

Erste,
Zweite Schauspielerin

Die Pagen

Das Blumenmädchen

Bürger, Marquis, Musketiere, Taschendiebe, Köche, Dichter, Gascogner, Kadetten, Schauspieler und Schauspielerinnen, Geiger, Pagen, Kinder, spanische Soldaten, Zuschauer, Preziösen, Nonnen usw.

Die vier ersten Akte spielen 1640, der fünfte 1655.

Erster Aufzug

Eine Vorstellung im Hotel de Bourgogne

Der Saal des Hotel de Bourgogne: eine Art von Ballhaus als Theaterraum eingerichtet und aufgeputzt.

Man sieht den rechteckig gedachten Saal im (durch die Diagonale gezogenen) Querschnitt, so daß eine seiner Seitenwände von vorn rechts nach hinten links verläuft, während die andere, rechtwinklig daranstoßende, von der Bühne eingenommen wird.

Diese Bühne ist zu beiden Seiten, längs der Kulissen, von gepolsterten Bänken eingenommen. Der Vorhang besteht aus zwei seitlich aufzuziehenden Teppichen. Über der Draperie (dem »Mantel«) das königliche Wappen. Breite Stufen verbinden Bühne und Saal; zu beiden Seiten dieser Stufen der Platz für die Geiger. Eine Reihe von Kerzen dient zur Beleuchtung der Rampe.

Zwei seitliche Ränge für die Zuschauer; der obere ist in Logen eingeteilt. Im Parterre befinden sich keine Sitze; nur in seinem Hintergrund (d.h. also für den wirklichen Zuschauer rechts vorn) einige stufenförmig aufsteigende Bänke, und unterhalb einer Wendeltreppe, die zu den Rängen hinaufführt, eine Art Büfett mit kleinen Armleuchtern, Blumenvasen, Kristallgläsern, Tellern von Konfekt, Flaschen usw.

In der Mitte des Hintergrundes, unter den Rängen, der Haupteingang; eine große, zweiflüglige Tür, welche aber beim Eintreten der Zuschauer nur halb geöffnet wird. Auf den Türflügeln ebenso wie in verschiedenen Ecken und über dem Büfett rote Plakate, auf denen zu lesen ist: Clorise.

Beim Aufgehen des Vorhangs ist der Saal halbdunkel und noch leer. Die Kronleuchter sind auf den Boden heruntergelassen, um angezündet werden zu können.

Erster Auftritt

Das Publikum, nach und nach eintretend. Kavaliere, Bürger, Lakaien, Pagen, Taschendiebe, der Portier etc. Dann die Marquis, Cuigy, Brissaille, die Büfettdame, die Geiger etc. Man hört hinter der Tür Lärm von Stimmen; ein Kavalier erzwingt sich die Passage.

PORTIER *ihn verfolgend.* Ihr Eintrittsgeld!

KAVALIER. Ich zahle nichts.

PORTIER. Mein Herr …

KAVALIER. Bin von der königlichen Garde.

PORTIER *zu einem andern, eben auftretenden Kavalier.*
  Hier
  Die Kasse.

ZWEITER KAVALIER. Freiplatz.

PORTIER *protestierend.* Aber …

ZWEITER KAVALIER. Musketier!

ERSTER KAVALIER *zum zweiten.*
  Erst um zwei Uhr der Anfang. Das Parterre
  Noch leer. Komm, laß uns üben: Quart und Terze!

Sie beginnen Florett zu fechten.

EIN LAKAI *im Auftreten.*
  Pst!

ZWEITER LAKAI *schon auf der Bühne.*
  Ja?

ERSTER LAKAI *Spiele aus seinem Wams hervorziehend.*
  Hier Karten, Würfel.

Setzt sich auf die Erde.

  Willst du?

ZWEITER LAKAI *sich zu ihm setzend.* Gut.

ERSTER LAKAI *zieht aus der Tasche ein Stück Kerze, zündet sie an und befestigt sie auf dem Boden.*
  Ich mauste meinem Herrn dies Stümpchen Kerze.

EIN GARDIST *zu einem nach vorn kommenden Blumenmädchen.*
  Wo's finster ist, verdoppelt sich mein Mut.

Er legt den Arm um ihre Taille.

ERSTER KAVALIER *beim Fechten getroffen.*
   Sitzt.
ZWEITER LAKAI *spielend.*
   Coeur.
GARDIST *das Mädchen verfolgend.* Ein Küßchen!
BLUMENMÄDCHEN *sich losmachend.*
   Nein.
GARDIST *sie in eine dunkle Ecke ziehend.*
   Aus welchem Grund …
EIN MANN *sich mit andern, welche gleichfalls Mundvorrat bei sich führen, auf die Erde setzend.*
   Kommt man zu früh, so hat man Zeit zum Essen.
EIN BÜRGER *seinen Sohn führend.*
   Mein Sohn, hier setz dich.
ERSTER LAKAI *spielend.* Trumpf!
EIN MANN *unter seinem Mantel eine Flasche hervorziehend und sich gleichfalls setzend.*
   Nicht zu vergessen
   'nen Schluck Burgunder … *trinkt* im Hotel Burgund.
BÜRGER *zu seinem Sohn.*
   Glaubt man sich nicht in einem Schandlokale?

      Er deutet mit der Spitze seines Stockes auf den Trinker.

   Trunk …

         Beim Ausweichen stößt ihn einer der Fechter.

   Rauferei …

         Er gerät mitten unter die Spieler.

   und Spiel!
GARDIST *hinter ihm, das Mädchen weiter bedrängend.*
   Ein Küßchen!
BÜRGER *schnell seinen Sohn entfernend.*
   Meiner Seel'!
   Und wenn man denkt, mein Sohn, daß hier im Saale
   Rotrou gespielt ward!

DER SOHN. *Und Corneille!*

EIN TRUPP PAGEN *kommt; sie halten sich bei den Händen, tanzen Farandole und singen dazu.*

Tra la la la usw.

PORTIER *ernsthaft, zu den Pagen.*

Ihr Pagen, keine Possen!

ERSTER PAGE *mit beleidigter Würde.*

Ihr Verdacht

Kränkt uns, mein Herr!

Sobald der Portier den Rücken dreht, lebhaft zum zweiten. Hast du
die Schnur?

ZWEITER PAGE. Nebst Angel.

ERSTER PAGE *nach der Galerie zeigend.*

Man kann von droben gut Perücken fischen.

EIN TASCHENDIEB *mehrere Leute von verdächtigem Aussehen um sich versammelnd.*

Ihr jungen Gauner, laßt euch nicht erwischen.

Ihr stehlt zum erstenmal; nehmt euch in acht!

ERSTER PAGE *zu andern Pagen hinaufrufend, die schon auf der Galerie sind.*

Bringt ihr fürs Blasrohr Erbsen mit?

DRITTER PAGE *von oben.* Kein Mangel!

Er bläst und bombardiert sie mit Erbsen.

DER SOHN *zu seinem Vater.*

Wie heißt das Stück?

BÜRGER. »Clorise«.

SOHN. Wie heißt der Dichter?

BÜRGER. Balthasar Baro sehr geschätzt von vielen.

Er geht mit dem Sohn nach hinten.

TASCHENDIEB *zu seinen Gehilfen.*

Nach echten Spitzen fahndet mit der Schere!

EIN ZUSCHAUER *zu einem andern, ihm eine erhöhte Ecke zeigend.*

Sehn Sie, dort war mein Platz bei der Premiere

Des »Cid«.

TASCHENDIEB *stets mit entsprechender Geste.*

Nach Uhren …

BÜRGER *wieder nach vorn kommend, zu seinem Sohn.*
   Große Künstler spielen …
TASCHENDIEB. Schnupftüchern …
BÜRGER. Montfleury …
STIMME *von der oberen Galerie.*
   Steckt an die Lichter!
BÜRGER. Bellerose, La Beaupré, Jodelet, L'Epy!
ERSTER PAGE. Die Hebe!
BÜFETTDAME *hinter dem Büfett erscheinend.*
   Himbeersaft, Milch, Limonade,
   Orangen …

> *Lärm am Eingang.*

EINE FISTELSTIMME. Platz da, Pack!
ERSTER LAKAI *erstaunt.* Die Herrn Marquis!
   Hier im Parterre?
ZWEITER LAKAI. Für kurze Zeit.

> *Eine Schar von kleinen Marquis tritt auf.*

EIN MARQUIS *sich in dem halbleeren Saal umsehend.*
   Wie fade!
   Wir kommen hier wie Handschuhmacher an.
   Wem tritt man auf den Fuß? Wen rempelt man?
   O pfui!

> *Er bemerkt andere, kurz vorher aufgetretene Edelleute.*

   Cuigy, Brissaille!

> *Feierliche Umarmungen.*

CUIGY. Willkommen! Ja,
   Wir leuchten hier noch früher als die Kerzen.
DER MARQUIS. Zum Teufel auch, es ist mir nicht zum Scherzen.
ZWEITER MARQUIS. Getrost, Marquis, hier naht der Phöbus.
ALLE *das Erscheinen des Lichtanzünders begrüßend.*
   Ah!

> *Man gruppiert sich um die Leuchter, die er ansteckt. Die Galerie
> füllt sich allmählich. Lignière erscheint im Parterre, Christian von*

Neuvillette am Arm führend. Lignière ist nachlässig gekleidet; distinguierter Trunkenbold. Christian, in der Kleidung elegant, aber ein wenig altmodisch, ist präokkupiert, späht nach den Logen.

Zweiter Auftritt

Vorige. Christian. Lignière. Dann Ragueneau, Le Bret.

CUIGY. Lignière!
BRISSAILLE *lachend.*
  Noch nüchtern?
LIGNIÈRE *leise zu Christian.*
  Wünschen Sie Bekanntschaft?

Christian nickt zustimmend. Er stellt vor.

Baron von Neuvillette.

Begrüßung.

ALLE *während der erste angezündete Leuchter in die Höhe gezogen wird.*
  Ah!
CUIGY *zu Brissaille, mit Bezug auf Christian.*
  Hübscher Mensch.
ERSTER MARQUIS *der zugehört hat.* So, so.
  La, la.
LIGNIÈRE *zu Christian, vorstellend.*
  Von Cuigy. Von Brissaille.
CHRISTIAN *sich verbeugend.* Sehr froh …
ERSTER MARQUIS *zum zweiten.*
  Ganz niedlich; aber duftet nach Provinz.
LIGNIÈRE *zu Cuigy.*
  Der Herr Baron verließ erst jetzt die Landschaft Touraine.
CHRISTIAN. Jawohl, kaum zwanzig Tage sind's.
  Heut trat ich ein bei den Kadetten.
ERSTER MARQUIS *die Personen musternd, welche in den Logen erscheinen.*
  Da
  Kommt Präsidentin Aubry!

BÜFETTDAME. Milch …

DIE GEIGER *stimmend.* La … la …

CUIGY *zu Christian, auf den Saal deutend.*

Es füllt sich.

CHRISTIAN. Allerdings.

ERSTER MARQUIS. Die schöne Welt.

Sie bezeichnen die Damen, welche in großer Toilette in die Logen eintreten; senden ihnen Grüße, welche mit einem Lächeln erwidert werden.

CUIGY. Dort Frau von Bois.

ERSTER MARQUIS. Sie hat mich einst bestrickt.

BRISSAILLE. Von Chavigny …

ZWEITER MARQUIS. Die unsre Herzen knickt.

LIGNIÈRE.

Soeben hat Corneille sich eingestellt.

DER SOHN *zu seinem Vater.*

Sind Akademiker darunter?

BÜRGER. Viele, Kind.

Dort steht Porchères, dort Bourdon; ihn umgebend

Arbaud, Colomby, Boissat. Wie erhebend

Zu denken, daß sie all' unsterblich sind!

ERSTER MARQUIS. Ah, die Preziösen treffen ein. Man sieht

Dort Cassandace und dort Barthénoide,

Félixérie …

ZWEITER MARQUIS. Die Namen sind befremdlich,

Doch reizend! Und du weißt sie sämtlich?

ERSTER MARQUIS. Sämtlich.

LIGNIÈRE *Christian beiseite nehmend.*

Ich kam auf Ihren Wunsch, mein Freund; doch wenn die Dame

Nicht bald erscheint, geh ich vor Durst zugrund.

CHRISTIAN *flehentlich.*

Sie kennen Hof und Stadt. Oh, bleiben Sie! Der Name

Der Heißgeliebten wird mir sonst nicht kund.

DER KAPELLMEISTER *mit seinem Taktstock auf das Notenpult schlagend.*

Wir fangen an. *Er hebt den Taktstock.*

BÜFETTDAME. Makronen, Himbeersaft …

Die Geigen beginnen zu spielen.

CHRISTIAN. Mir bangt, sie sei kokett und flatterhaft.
  Mit ihr zu reden mangelt mir's an Geist …
  Die Sprache, die man heute schreibt und spricht,
  Die lern ich blöder Bursch im Leben nicht.
  Dort, in der leeren Loge sitzt sie meist.
LIGNIÈRE.
  Ich gehe.
CHRISTIAN *ihn zurückhaltend.*
  Bleiben Sie.
LIGNIÈRE.
  Hier stürb' ich bald
  Vor Durst. Ich werd erwartet in der Schenke.
BÜFETTDAME *mit einem Plateau an ihm vorbeigehend.*
  Himbeer?
LIGNIÈRE.
  Pfui!
BÜFETTDAME. Milch?
LIGNIÈRE.
  Puah!
BÜFETTDAME. Muskatwein?
LIGNIÈRE.
  Halt!
  Zu Christian.
  Muskatwein ist ein mögliches Getränke.

  Er setzt sich in die Nähe des Büfetts. Die Büfettdame schenkt ihm ein.

STIMMEN *im Publikum beim Eintritt eines kleinen, rundlichen und vergnügt dreinschauenden Mannes.*
  Ah! Ragueneau!
LIGNIÈRE *zu Christian.*
  Der große Zuckerbäcker.
RAGUENEAU *im Kostüm eines sonntäglich geputzten Pastetenbäckers, eilt auf Lignière zu.*
  Hat niemand Herrn Cyrano noch gesehn?
LIGNIÈRE *zu Christian, Ragueneau präsentierend.*

Der Garkoch der Poeten, ihr Entdecker
Und Nährer.

RAGUENEAU *verlegen.*

Zu viel Ehre …

LIGNIÈRE.

Still, Mäzen!

RAGUENEAU. Die Herrn bewirt ich wohl …

LIGNIÈRE *zu Christian.*

Und kreditiert die Zeche;
Ist selbst Poet.

RAGUENEAU. Man sagt es.

LIGNIÈRE.

Seine Schwäche
Sind Verse …

RAGUENEAU. Ja, für gut gereimte Wörtchen …

LIGNIÈRE.

Verschenkt er eine Torte.

RAGUENEAU. Nun ein Törtchen.

LIGNIÈRE.

Der Wackre will sich zu entschuldigen suchen!
Für ein Sonett gibt er …

RAGUENEAU. Ein Brötchen.

Zwei!

LIGNIÈRE.

Liebt das Theater …

RAGUENEAU. Bis zur Raserei.

LIGNIÈRE.

Den Eintrittspreis entrichtet er in Kuchen.
Zum Beispiel, als Sie heut hier eingetreten,
Was zahlten Sie?

RAGUENEAU. Vier Krapfen, fünf Pasteten.

Er sieht sich nach allen Seiten um.

Seltsam, daß Herr Cyrano nicht erschien!

LIGNIÈRE.

Wieso?

RAGUENEAU. Montfleury spielt.

LIGNIÈRE.

 Jawohl, das dicke Kalb

 Tritt heut als Phädon auf. Was aber fragt

 Danach Cyrano?

RAGUENEAU. Montfleury hat ihn

 Kürzlich erzürnt. Er hat ihm dieserhalb

 Vier Wochen lang das Spielen untersagt.

LIGNIÈRE *bereits heim vierten Gläschen angelangt.*

 Nun und?

RAGUENEAU

 Montfleury spielt!

CUIGY *der mit seiner Gruppe sich genähert hat.*

 Er hindert's nicht.

RAGUENEAU. Hm, ich

 Kam, das zu sehn.

ERSTER MARQUIS. Wer ist Cyrano, sprich?

CUIGY. Ein Degenheld; niemand ficht meisterlicher.

ZWEITER MARQUIS. Von Adel?

CUIGY. Ja. Kadett beim Gardecorps.

*Er deutet auf einen Edelmann, der eben den Saal betreten hat und
sich suchend umsieht.*

 Da kommt sein Freund.

Er ruft.

 Le Bret, Sie spähen sicher

 Nach Bergerac?

LE BRET. Ja, seltsam kommt mir's vor …

CUIGY. Ist's nicht ein ungewöhnlicher Gesell?

LE BRET *warm.*

 Ein Edelstein der Menschheit, und ein echter!

RAGUENEAU. Gelehrter!

CUIGY. Musiker!

BRISSAILLE. Poet!

LE BRET. Und Fechter!

LIGNIÈRE.

 Sein Aussehn auch ist sehr originell!

RAGUENEAU. Fürwahr, er paßt nicht gut als Gegenstand

Von des Champaigne feierlichen Bildern;
Maßlos, verdreht, bizarr, extravagant
Der selige Callot nur könnt' ihn schildern
Als tollsten Raufbold seiner Märchenwelt:
Dreifacher Federbusch, sechsschößiger Rock
Und Mantel, den der Degenstock
Wie einen Hahnenschweif nach hinten schwellt.
Stolzer als all die Meister der Emphase,
Die das Gascognerland erzeugt seit ältsten Tagen,
Schleppt er in seinem Pulcinellakragen
'ne Nase meine Herrn, welch eine Nase!
Sieht man sie nur von ferne blitzen,
So ruft man: »Nein, weiß Gott, er übertreibt!«
Dann fragt man lächelnd, ob sie haften bleibt,
Und richtig, Herr Cyrano läßt sie sitzen.
LE BRET. Weh jedem, der sie merkt!
RAGUENEAU *gewichtig.* Wie eine Parzenschere
    Wütet sein Schwert.
ERSTER MARQUIS *die Achsel zuckend.*
    Er kommt ja nicht.
RAGUENEAU. Oho.
    Ich wett ein Brathuhn à la Ragueneau!
ERSTER MARQUIS *lachend.*
    Top!

>   *Flüstern der Bewunderung im Saal. Roxane ist in ihrer Loge
>   erschienen. Sie setzt sich auf den Vorderplatz, ihre Duenna hinter
>   ihr. Christian, welcher eben die Büfettdame bezahlt, bemerkt sie
>   noch nicht.*

ZWEITER MARQUIS *mit gezierter Begeisterung.*
    Kinder, ist sie nicht, auf Ehre,
    Zum Fressen reizend?
ERSTER MARQUIS. Eine Pfirsichblüte
    Mit Erdbeern kosend.
ZWEITER MARQUIS. Frisch wie Morgenwind;
    Man holt sich einen Schnupfen im Gemüte!
CHRISTIAN *sieht auf, bemerkt Roxane und faßt Lignière lebhaft am
Arm.*

Da ist sie!

LIGNIÈRE *hinsehend.*

Diese?

CHRISTIAN. Ja. Wer ist's? Geschwind!

LIGNIÈRE *seinen Muskatwein feinschmeckerisch schlürfend.*

Madeleine Robin, genannt Roxane. Sehr

Preziös.

CHRISTIAN. O weh!

LIGNIÈRE.

Verwaist und ledig noch.

Base Cyranos …

In diesem Augenblick tritt ein reich gekleideter Kavalier, mit dem
Kreuz des Heiligen Geistordens, in die Loge und spricht stehend
einen Augenblick mit Roxane.

CHRISTIAN *zitternd.*

Und der Mann dort?

LIGNIÈRE *mit beginnendem Rausch, blinzelnd.*

Der?

Graf Guiche. Er liebt sie. Hat zur Frau jedoch

Die Nichte Richelieus. Ist drauf bedacht,

Sie mit Vicomte von Valvert zu verbinden;

Bei diesem Wicht hofft er Gefälligkeit zu finden.

Sie sträubt sich; doch der Graf hat große Macht;

Drum fürchtet ihn die simple Bürgerliche.

Ich brachte seine niederträcht'gen Schliche

In Verse. Schäumen wird er: sie sind spitzig!

Urteilen Sie nur selbst …

Er steht schwankend auf, mit erhobenem Glas, und schickt sich an,
vorzutragen.

CHRISTIAN. Nein, ich muß gehn.

LIGNIÈRE

Wohin?

CHRISTIAN. Zu Herrn von Valvert.

LIGNIÈRE

Nicht so hitzig!

Er tötet Sie.

Ihn mit einem Augenzwinkern aufmerksam machend.

Halt! Sie hat hergesehn.
CHRISTIAN. Ja.

Er steht wie gebannt. Die Taschendiebe, welche bemerken, daß er
mit offenem Mund in die Luft starrt, nähern sich ihm.

LIGNIÈRE
Krank bin ich vor Durst und will genesen
Im Wirtshaus.

Er geht schwankend ab.

LE BRET *ist bis jetzt suchend herumgegangen, kehrt nun zu Ragueneau*
zurück.
Kein Cyrano!

Auf eine ungläubige Geste Ragueneaus.

Hoffentlich
Hat er den Anschlagzettel nicht gelesen.
VIELE STIMMEN
Fangt an! Fangt an!

Dritter Auftritt

Vorige, ohne Lignière. Graf Guiche, Valvert. Später Montfleury.

ERSTER MARQUIS *beim Anblick des Grafen Guiche, welcher aus der*
Loge herabgestiegen ist und nun das Parterre durchquert, umgeben von
ehrerbietigen Kavalieren, unter denen der Vicomte von Valvert.
Der Hofstaat um Graf Guiche!
ZWEITER MARQUIS
Auch ein Gascogner!
ERSTER MARQUIS. Von der kalt geschmeidigen Sorte;
Die bringt's am weitesten. Grüßen wir!

Sie gehen auf den Grafen zu.

ZWEITER MARQUIS. Herr Graf,
Prachtvoll die Farbe dieser Mantelborte!

Ist das »Vielliebchen« oder »Mutterschaf«?
GUICHE. Nein, Farbe »Kranker Spanier«.
ERSTER MARQUIS. So ist's recht.
  Dank Ihrer Feldherrnkunst geht's ja dem Spanier schlecht.
GUICHE. Ich geh zur Bühne.

Er wendet sich, gefolgt von den Marquis und Kavalieren, der Bühne
zu, ruft zurück.

  Valvert, komm!
CHRISTIAN *der zugehört und alles beobachtet hat, fährt bei Nennung*
  des Namens zusammen.
  Mein Mann!
  Ich schleudr' ihm …

  Er steckt die Hand in die Tasche und findet darin diejenige des
  Taschendiebs, der sich gerade angeschickt hat, ihn zu plündern; er
  dreht sich um.

TASCHENDIEB. Oh!
CHRISTIAN *ihn festhaltend.*
  Den Handschuh wollt' ich fassen …
TASCHENDIEB *mit kläglichem Lächeln.*
  Und fassen eine Hand.

  In anderem Ton, schnell und leise.

  Wenn Sie mich laufen lassen,
  Vertrau ich Ihnen ein Geheimnis an.
CHRISTIAN *ihn immer festhaltend.*
  Nun?
TASCHENDIEB. Herr Lignière … Ihr Freund …
CHRISTIAN. Was?
TASCHENDIEB. Ist verloren.
  Er hat ein großes Tier gereizt zur Rache
  Durch Verse. Hundert Männer sind verschworen
  Ihm aufzulauern …
CHRISTIAN. Hundert! Auf Befehl
  Von wem?

  Da der Taschendieb verlegen schweigt, ungeduldig.

Sprich!

TASCHENDIEB *sehr würdevoll.*

Amtsgeheimnis. Ehrensache.

CHRISTIAN. Der Ort des Hinterhalts?

TASCHENDIEB. Die Porte de Nesle.

Drum warnen Sie den Freund …!

CHRISTIAN *ihn endlich loslassend.* Wo mag er sein?

TASCHENDIEB. Sie müssen alle Schenken schnell durchstreifen:
»Die goldne Kelter«, »Den geplatzten Reifen«,
»Den Storch«, »Den grünen Baum«, »Das schwarze Schwein«
Und überall ein Briefchen hinterlegen.

CHRISTIAN. Ja! Hundert gegen einen! Oh, die Feigen!

Zu Roxane aufblickend, zärtlich.

Abschied von ihr!

Wütend, mit Bezug auf Valvert.

Und ihm! Des Freundes wegen!

*Er eilt hinaus. Graf Guiche, Valvert, die Marquis und alle Kavaliere
sind hinter dem Vorhang verschwunden, um ihre Sitze auf der Bühne
einzunehmen. Das Parterre ist vollständig gefüllt, ebenso die Logen
und Galerien.*

VIELE STIMMEN. Fangt an!

EIN BÜRGER *dessen Perücke, von einem der auf der Galerie befindlichen
Pagen geangelt, sich in die Luft erhebt.*
Meine Perücke!

STIMMEN *lachend.* Welche Glatze!

Ihr Pagen, gut gemacht!

DER BÜRGER *wütend, mit drohender Faust.*

Wart, kleine Fratze!

STIMMEN *von lautem zu immer leiser werdendem Lachen übergehend.*
Ha! Ha! Ha! Ha!

Stille.

LE BRET *erstaunt.* So plötzlich tiefes Schweigen?

Ein Zuschauer teilt ihm leise etwas mit.

Wirklich?

DER ZUSCHAUER. Bestimmt behauptet man's im Saal.

GEMURMEL. Kommt er? Dort in der Loge! Siehst du nicht?
Der Kardinal? Er ist's. Der Kardinal!

ERSTER PAGE. Ach, nun heißt's artig sein!

Drei Schläge auf der Bühne, zum Zeichen des Beginns. Das Publikum unbeweglich, erwartungsvoll.

STIMME DES ERSTEN MARQUIS *hinter dem Vorhang, in die Stille hineinrufend.* He, schneuzt das Licht!

ZWEITER MARQUIS *den Kopf aus der Vorhangspalte herausstreckend.* Mir fehlt ein Sessel.

Ein Stuhl wird von Hand zu Hand über die Köpfe weg zu ihm hintransportiert. Er nimmt ihn und verschwindet damit, nachdem er noch schnell den Logen einige Kußhände zugeworfen hat.

EIN ZUSCHAUER. Ruhe!

Wiederholung der drei Schläge. Der Vorhang geht auf. Tableau. Die Marquis sitzen hingelümmelt auf beiden Seiten der Bühne. Der Hintergrund stellt eine ländliche Gegend im Geschmack der Schäferdichtung dar. Vier kleine Kristalleuchter erhellen die Bühne. Die Geigen spielen piano.

LE BRET *leise zu Ragueneau.* Sagen Sie,
Tritt Montfleury jetzt auf?

RAGUENEAU *leise.*
Gleich zu Beginn.

LE BRET. Cyrano fehlt.

RAGUENEAU. Mein Brathuhn ist dahin.

LE BRET. Ich atme leichter!

Man hört einen Dudelsack. Montfleury erscheint auf der Bühne, sehr korpulent, im Schäferkostüm, einen rosengeschmückten Hut auf das eine Ohr gestülpt und einen mit farbigen Bändern verzierten Dudelsack blasend.

DIE ZUSCHAUER *applaudierend.*
Bravo, Montfleury!

MONTFLEURY *nachdem er das Publikum begrüßt hat, als Phädon.*

»Beglückt, wer fern dem Hof in holder Einsamkeit
Aus eigenem Entschluß sich der Verbannung weiht,
Gelabt von Zephyrs Hauch, frei von der Ehrsucht
Zielen …«

EINE STIMME *mitten im Parterre.*
Schurk', hab ich dir nicht untersagt zu spielen?

Allgemeine Verblüffung. Man dreht sich nach dem Sprecher um.
Gemurmel.

VERSCHIEDENE STIMMEN
Wie? Was?

Die Insassen der Logen erheben sich, um zu sehen.

CUIGY. Er ist's!
LE BRET *entsetzt.* Cyrano!
DIE STIMME. Strauchdieb, räumen
Wirst du die Bühne!
ALLE *entrüstet.* Oh!
MONTFLEURY. Ich …
DIE STIMME. Ohne Säumen!
VERSCHIEDENE STIMMEN *im Parterre und in den Logen.*
Still! Ruhe! Montfleury soll weitersprechen!
MONTFLEURY *mit unsicherer Stimme.*
»Beglückt, wer fern dem Hof in holder Einsam …«
DIE STIMME *eindringlicher.* Nun?
Halunk, wirst du, was ich verlangte, tun?
Soll dir mein Stock die Knochen erst zerbrechen?

Ein stockschwingender Arm wird über den Köpfen sichtbar.

MONTFLEURY *mit immer schwächerer Stimme.*
»Beglückt …«
DIE STIMME. Hinaus!
DAS PARTERRE. Oho!
MONTFLEURY *würgend.* »Beglückt, wer fern …«
CYRANO *aus dem Parterre auftauchend, auf einem Stuhl stehend, mit
gekreuzten Armen, kriegerisch aufgestülptem Schlapphut, gesträubtem
Schnurrbart und furchtbarer Nase.*
Nun werd ich wild!

Sensation bei seinem Anblick.

Vierter Auftritt

Vorige. Cyrano. Dann Bellerose, Jodelet.

MONTFLEURY *zu den Marquis.*
  Zu Hilfe, meine Herrn!
ERSTER MARQUIS *nonchalant.*
  Ei, spielen Sie!
CYRANO. Der Dickwanst spielt heut nicht;
  Sonst zwingt er mich, das Maul ihm zu verstopfen.
ERSTER MARQUIS. Genug!
CYRANO. Wenn mir ein Stutzer widerspricht,
  Werd ich den Staub aus seinem Mantel klopfen.
ALLE MARQUIS *aufstehend.*
  Das ist zu stark. Wir …
CYRANO. Montfleury, hinaus!
  Ich reiße dir sonst Arm' und Beine aus.
EINE STIMME. Jedoch …
CYRANO. Hinaus!
EINE ANDERE STIMME. Mir scheint …
CYRANO. Du bist noch hier?

  Er macht Miene, sich die Ärmel aufzukrempeln.

  Die Bühne werd ich zum Büfett verwandeln,
  Um dich als Cervelatwurst zu behandeln.
MONTFLEURY *all seine Würde zusammennehmend.*
  Mein Herr, Thalia wird beschimpft in mir.
CYRANO *sehr höflich.*
  Mein Herr, der Dame sind Sie nicht empfohlen;
  Doch hätte sie den Vorzug, Sie zu sehn,
  Solch feisten Tropf, sie zög' im Handumdrehn
  Sich den Kothurn aus, um Sie zu versohlen.
DAS PARTERRE. Montfleury, vorwärts! Das versprochne Stück!
CYRANO *zu denen, welche ihn lärmend umringen, seine Degenklinge anfassend.*

Vorsicht! Dies Futteral kann einen Geist entsenden:
Einmal entfesselt, kehrt er nicht zurück.

Der Kreis erweitert sich; die Menge retiriert; Cyrano zu Montfleury.

Hinaus!
VIELE *nähern sich protestierend.* Oho!
CYRANO *sich energisch umdrehend.*
Wer hat was einzuwenden?

Abermaliges Zurückweichen.

EINE STIMME *singt im Hintergrund.*
Der Herr von Bergerac
Treibt seinen Schabernack;
Was aber schert uns dies?
Man spielt uns doch Clorise.
DAS GANZE PARTERRE *im Chor singend.*
Clorise! Clorise!
CYRANO. Wenn dieser ganze Troß nicht schweigt im Nu,
Schlag ich ihn tot.
EIN BÜRGER. Sie spielen Simsons Rolle?
CYRANO. Ja; nur Ihr Kinnback fehlt mir noch dazu.
EINE DAME *in den Logen.*
's ist unerhört!
EIN KAVALIER. Unglaublich!
EIN BÜRGER. Dieser Tolle!
EIN PAGE. Wie lustig!
DAS PARTERRE. Kss! Cyrano! Montfleury!
CYRANO. Still!
DAS PARTERRE *aus Rand und Band.*
Bäh! Hoho! Yah! Huh! Kikriki!
CYRANO. Nun denn …
EIN PAGE. Miau!
CYRANO. Schweigt still zum letztenmal!
Ich fordre zum Duell den ganzen Saal!
Schreibt eure Namen ein, ihr jungen Helden!
Ich geb euch Nummern. Einer nach dem andern!
Wohlan, wer will sich für die Liste melden?

Einzelne ansprechend.

Sie? Nicht? Und Sie? Der erste tapfre Ringer
Wird ehrenvoll gradaus zum Himmel wandern!
Wer sterben will, der hebe seinen Finger.

Stille.

Schämt ihr euch, meine Klinge nackt zu sehn?
Kein Finger? Keine Meldung? Um so besser!

Er wendet sich wieder der Bühne zu, wo Montfleury ängstlich wartet.

Wird dieser Schandfleck nicht von selbst vergehn,
Merz ich ihn aus *die Hand am Degen*
mit dem Chirurgenmesser.

MONTFLEURY. Ich …

CYRANO *steigt vom Stuhl herunter, setzt sich in die Mitte des Halbkreises, der sich um ihn gebildet hat, und richtet sich häuslich ein.*
Dreimal schlag ich in die Hand; beim dritten
Wirst du verduften.

DAS PARTERRE *belustigt.* Ah? …

CYRANO *in die Hände schlagend.*
Eins!

MONTFLEURY. Ich muß bitten …

EINE STIMME *in den Logen.*
Hierbleiben!

DAS PARTERRE. Geht er? Bleibt er?

MONTFLEURY. Aber …

CYRANO. Zwei!

MONTFLEURY. Ich halt es für das beste, wenn ich …

CYRANO. Drei!

Montfleury verschwindet mit unheimlicher Schnelligkeit. Gelächter und Zischen.

DAS PARTERRE. Hah! Komm wieder, Feigling!

CYRANO *lehnt sich befriedigt, mit gekreuzten Beinen, in seinen Stuhl zurück.* Er soll's wagen.

EIN BÜRGER. Der Regisseur!

Bellerose tritt vor und verneigt sich.

STIMMEN *in den Logen.*

Bellerose! Er will was sagen.

BELLEROSE *mit Eleganz.*

Verehrte …

DAS PARTERRE. Jodelet soll sprechen!

JODELET *tritt vor, komisch näselnd.* Teure Kälber!

DAS PARTERRE. Bravo! Sehr gut!

JODELET. O schlimmer Augenblick!

Der große Mann, der so berühmt wie dick …

DAS PARTERRE. Der Hasenfuß!

JODELET. … Schickt mich …

DAS PARTERRE. Er komme selber!

DIE EINEN. Nein!

DIE ANDERN. Ja!

EIN JUNGER MANN *zu Cyrano.*

Gab Ihnen Montfleury den Grund

Zum Haß?

CYRANO *höflich, während er ruhig sitzen bleibt.*

Ja, hoffnungsvoller junger Mann.

Pro primo haß ich ihn als miserablen Mimen;

Denn keuchend schleppt er wie ein Karrenhund

Die leichten Verse, denen Flügel ziemen.

Secundo das geht Sie nichts an.

DER ALTE BÜRGER *hinter ihm.*

Sie wollen einen Kunstgenuß uns rauben!

Das ist ein Unrecht!

CYRANO *seinen Stuhl nach dem Bürger umdrehend, respektvoll.*

Wackrer Greis, ein Glück;

Ich schütze Sie vor einem schlechten Stück.

DIE PREZIÖSEN *in den Logen.*

Das Stück von unserm Baro! Soll man's glauben?

Empörend!

CYRANO *seinen Stuhl nach den Logen drehend, galant.*

Schöne Frauen, Himmelslicht,

Herabgesandt, uns Wonnen einzuhauchen,

Bezauberndes Geschlecht, wir Dichter brauchen

Zwar euren Reiz doch euer Urteil nicht.

BELLEROSE. Wer wird das Eintrittsgeld ersetzen?

CYRANO *seinen Stuhl nach der Bühne drehend.*

Endlich!

Ein sachgemäßes Wort! Denn selbstverständlich:

Nicht schadhaft werden soll der Thespiskarren.

Er steht auf und wirft eine Börse auf die Bühne.

Da! Fangen Sie das auf! Und nun erledigt!

DAS PARTERRE *verblüfft.*

Ah! Oh!

JODELET *hat die Börse schnell aufgehoben und wiegt sie in der Hand.*

Mein Herr, wer uns so reich entschädigt,

Der halt' uns, wann es ihm beliebt, zum Narren …

Das Parterre pfeift.

JODELET. Und pfeif' uns jeden Abend aus.

BELLEROSE *halblaut zu ihm.*

Schick sie doch heim!

JODELET. Ihr Teuren, geht nach Haus!

Man fängt an, aufzubrechen; Cyrano sieht befriedigt zu. Aber bald staut sich die Menge wieder, indem sie auf den folgenden Dialog aufmerksam wird. Die Damen, welche in den Logen schon ihre Mäntel umgenommen haben, bleiben stehen, um zuzuhören, und setzen sich schließlich wieder hin.

LE BRET *zu Cyrano.*

Verrückt!

EIN MISSVERGNÜGTER *hat sich Cyrano genähert.*

Das gegen einen Montfleury!

Der Graf Candale beschützt ihn. Haben Sie

Auch einen Gönner?

CYRANO. Nein.

MISSVERGNÜGTER. Gar keinen?

CYRANO. Nein.

MISSVERGNÜGTER. Der Ihnen beisteht gegen Ihre Dränger?

CYRANO. Nein, sagt' ich zweimal schon, und damit fertig!

Mein einz'ger Gönner *den Degen anfassend* ist hier

gegenwärtig.

MISSVERGNÜGTER. Dann reisen Sie wohl schleunigst ab?

CYRANO. Kann sein.

MISSVERGNÜGTER. Der Arm Candales ist lang.

CYRANO. Gewiß nicht länger
    Als meiner, *wieder die Hand am Degen* wenn er sich
    Ergänzung leiht.

MISSVERGNÜGTER. Sie rasen, wenn Sie glauben …

CYRANO. Gut, ich rase.

MISSVERGNÜGTER
    Jedoch …

CYRANO. Nun aber marsch!

MISSVERGNÜGTER. Wenn …

CYRANO. Höchste Zeit!
    Warum betrachten Sie denn meine Nase?

MISSVERGNÜGTER *eingeschüchtert.*
    Ich …

CYRANO *auf ihn losgehend.*
    Was erstaunt Sie dran?

MISSVERGNÜGTER *zurückweichend.*
    Nichts!

CYRANO. Ist sie weich
    Wie'n Rüssel, schlenkert wie ein Perpendikel?

MISSVERGNÜGTER *wie oben.*
    Nein!

CYRANO. Oder sieht 'nem Reiherschnabel gleich?

MISSVERGNÜGTER. Ich habe …

CYRANO. Sind auf ihrer Spitze Pickel?

MISSVERGNÜGTER. Wenn doch …

CYRANO. Läuft eine Fliege drauf herum?
    Ist's ein Mirakel?

MISSVERGNÜGTER. Ich …

CYRANO. Ein Unikum?

MISSVERGNÜGTER. Ich sah sie gar nicht an, versichr' ich Ihnen!

CYRANO. Nicht? Sagen Sie, weshalb Sie das nicht taten!

MISSVERGNÜGTER. Ich …

CYRANO. Ekelt Sie's davor?

MISSVERGNÜGTER. Herr!

CYRANO. Weil zu kränklich
    Die Farbe?

MISSVERGNÜGTER. Herr!

CYRANO. Die Formen zu bedenklich?

MISSVERGNÜGTER. Durchaus nicht!

CYRANO. Doch ich les in Ihren Mienen,
  Daß Ihnen scheint, sie sei zu groß geraten!

MISSVERGNÜGTER *stotternd.*
  Ich finde sie ganz klein, ganz winzig klein.

CYRANO. Was?! Eine Mißgeburt soll ich gar sein?
  Klein, meine Nase?!

MISSVERGNÜGTER. Gott!

CYRANO. Sie ist enorm!
  Vernimm, stumpfnäsiger Mikrocephale,
  Daß ich voll Stolz mit diesem Vorsprung prahle;
  Denn zu erkennen ist an solcher Form
  Der Mann von Geist, Charakter, Edelsinn,
  Von Herz und Mut, kurz alles, was ich bin,
  Und was du nicht bist, du und deinesgleichen,
  Du Jammerlappen! Denn dein blöd Gesicht,
  Dem ich sofort den Backen werde streichen,
  Ist ... *Er ohrfeigt ihn.*

MISSVERGNÜGTER. Au!

CYRANO. So leer von feuriger Ekstase,
  Von edlen Linien, Schwung und Geisteslicht,
  Von Prachtaufwand, mit einem Wort, von Nase,
  Wie jenes ... *er dreht ihn um und begleitet seine Worte mit der Tat*
  das mein Stiefel jetzt berührt!

MISSVERGNÜGTER *flüchtend.*
  Zu Hilfe!

CYRANO. Dieses merke sich ein jeder,
  Der mich beehrt mit seines Witzes Proben;
  Dem Spötter aber, der ein Wappen führt,
  Zahl ich von vorn und etwas weiter oben
  Mit einem Stoß von Stahl und nicht von Leder.

GUICHE *ist mit den Marquis von der Bühne herabgestiegen.*
  Er ist recht abgeschmackt!

VALVERT *die Achseln zuckend.*
  Er macht sich wichtig.

GUICHE. Antwortet niemand?

VALVERT. Habe was auf Lager;
Gebt acht; das werd ich ihm versetzen.

Er geht auf Cyrano zu und pflanzt sich geckenhaft vor ihm auf.

Ei,
Sie haben eine sehr … sehr lange Nase.
CYRANO. Richtig.
VALVERT *lacht.*
Ha!
CYRANO. Weiter nichts?
VALVERT. Wie?
CYRANO. Das war etwas mager.
Fällt Ihnen nichts mehr ein? Mir vielerlei,
Und auch die Tonart läßt sich variieren!
Ausfallend: »Trüg' ich diese Nasenmasse,
Ich ließe sie sofort mir amputieren.«
Freundlich: »Trinkt sie nicht mit aus Ihrer Tasse?
Aus Humpen schlürfen sollten Sie die Suppe.«
Beschreibend: »Felsgeklüfte, Berg und Tal,
Ein Kap, ein Vorland, eine Inselgruppe.«
Neugierig: »Was ist in dem Futteral?
Ein Schreibzeug oder eine Zuckerzange?«
Anmutig: »Sind Sie Vogelfreund, mein Bester,
Und sorgten väterlich mit dieser Stange
Für einen Halt zum Bau der Schwalbennester?«
Zudringlich: »Wenn Sie Tabak rauchen
Und ihr der Dampf entsteigt zum Firmament,
Schreit dann die Nachbarschaft nicht laut: ›Es brennt‹?«
Warnend: »Sie sollten große Vorsicht brauchen;
Sonst zieht das Schwergewicht Sie noch kopfüber.«
Zartfühlend: »Spannen Sie ein Schutzdach drüber;
Weil sonst im Sonnenschein sie bleichen muß.«
Pedantisch: »Das aristophanische Tier
Hippokampelephantokamelus
Trug ganz unfraglich gleiche Nasenzier.«
Modern: »Wie praktisch diese Haken sind,
Um seinen Hut dran aufzuhängen!«
Begeistert: »Wenn sie niest im scharfen Wind,

Braucht nur ein Teil von ihr sich anzustrengen.«
Tragisch: »Ein Turm von Babel, wenn sie schwillt!«
Bewundernd: »Für Odeur welch Aushängschild!«
Lyrisch: »Ist dies die Muschel des Tritonen?«
Naiv: »Wann wird dies Monument besichtigt?«
Respektvoll: »Wird nicht ein jeder Wunsch beschwichtigt
Durch solch ein Häuschen zum Alleinbewohnen?«
Bäurisch: »Potz Donnerschlag, was sagst du, Stoffel?
Zwergkürbis oder riesige Kartoffel?«
Soldatisch: »Dies Geschütz ist schwer beweglich.«
Geschäftlich: »Haben Sie vielleicht im Sinn,
Sie zu verlosen erster Hauptgewinn?«
Zuletzt im Stil des Pyramus, recht kläglich:
»Weil sie das Gleichmaß im Gesicht getötet,
Ist sie voll Schuldbewußtsein und errötet.«
Dergleichen hätten Sie zu mir gesagt,
Wenn Sie Gelehrsamkeit und Geist verbänden;
Jedoch von Geist, dem Himmel sei's geklagt,
Ist keine Spur in Ihren Schädelwänden;
Ihr Kopf ist nicht gelehrt und doch so leer!
Und hätten Sie genug Erfindungskraft,
Um hier vor dieser edlen Hörerschaft
Mir all dies Feuerwerk zu bieten und noch mehr,
Dann müßten Sie bereits beim ersten Ton
Vom ersten Wort des ersten Satzes stoppen;
Denn nur mir selbst erlaub ich, mich zu foppen;
Ein anderer kommt nicht ungestraft davon.
GUICHE *will den ganz versteinerten Vicomte fortführen.*
Komm, laß ihn stehen!
VALVERT. Großtun will so einer!
Das will ein Junger sein! Nicht zu begreifen!
Geht ohne Handschuh, Quasten, Schleifen!
CYRANO. In meinem Innern bin ich um so feiner.
Den Stutzern, die so teuren Aufputz tragen,
Steh ich an Reinlichkeitsgefühl nicht nach
Und würde nie mich unter Menschen wagen
Mit einer noch nicht abgewaschnen Schmach,
Mit schmutzigem Sinn, schlaftrunkenem Gewissen

Und einem Ruf, der schäbig und zerschlissen.
Ich bin, wenngleich so schmucklos von Gestalt,
Mit Unabhängigkeit und Mut geschmückt;
Zwar hat mich keine Schnürbrust je gedrückt;
Doch in der Brust die Richtschnur gibt mir Halt.
Vollbrachte Taten dienen mir als Bänder;
Den Witz hab ich zum Zierat mir erkoren,
Und ritterlich, bei müßigem Geschlender,
Laß ich die Wahrheit klirren statt der Sporen.
VALVERT. Herr, Sie …
CYRANO. Ja freilich, Handschuh trag ich nicht.
Und weil mit dem nichts anzufangen war,
Warf ich ihn einem Lumpen ins Gesicht.
VALVERT. Strolch, Tölpel, Hundsfott, Harlekin!
CYRANO *zieht höflich grüßend seinen Hut ab, als ob Valvert sich ihm*
vorgestellt hätte.
Aha?
Und ich bin Savinien Cyrano Herkules
Von Bergerac.

Gelächter.

VALVERT *verzweifelt.*
Narr!
CYRANO *stößt einen Schrei aus, als wäre er von einem Krampf befallen.*
Äh!
VALVERT *der nach hinten gehen wollte, dreht sich um.*
Was sagt er da?
CYRANO *mit Grimassen des Schmerzes.*
Rostig ist sie geworden unterdes!
's wird Zeit, daß ich Beschäftigung ihr bringe!
VALVERT. Was soll das?
CYRANO. Äh, mir kribbelt's in der Klinge.
VALVERT *ziehend.*
Gut!
CYRANO. Kunstgerecht werd ich Sie nun bedienen.
VALVERT *verächtlich.*
Poet!

CYRANO. Jawohl, Poet in solchem Grade,
  Daß ich beim Fechten aus dem Stegreif Ihnen
  Eine Ballade dichten will.
VALVERT. Ballade?
CYRANO. Sie denken wohl: Was ist das für ein Tier?
VALVERT. Ich …
CYRANO *schulmäßig hersagend.*
  Die Ballade hat drei Strophen von acht Zeilen …
VALVERT *stampft ungeduldig mit dem Fuße auf.*
  Der Mensch …
CYRANO. Und eine Zueignung von vier.
VALVERT. Sie …
CYRANO. Reim und Stoß werd ich zugleich erteilen.
  Beim letzten Vers die Abfuhr!
VALVERT *spöttisch.* Oder nicht!
CYRANO *deklamierend.*
  »Ballade, welche das Duell betrifft,
  Das Herr von Bergerac ausfocht mit einem Wicht.«
VALVERT. Herr, was bedeutet das?
CYRANO. Die Überschrift.
DIE MENGE *in größter Spannung und Erregung.*
  Platz da! Sehr lustig! Drängt nicht! Haltet Ruh!

*Gruppe. Kreis von Neugierigen im Parterre, die Marquis und Offiziere
  vermischt mit den Bürgern und Leuten aus dem Volk; Pagen sind
  andern auf die Schultern geklettert, um besser sehen zu können. Alle
  Damen vorn an den Logenbrüstungen. Rechts im Vordergrund Guiche
  und sein Gefolge. Links Le Bret, Ragueneau, Cuigy.*

CYRANO *nachdem er einen Augenblick nachdenkend die Augen geschlossen.*
So! Kopf und Arm sind nun bereit. Nur zu!

Er begleitet alles, was er sagt, mit den entsprechenden Handlungen.

  Abseits werf ich meinen Filz
  Und, damit ich Luft mir schaffe,
  Auch den Mantel; denn nun gilt's.
  Rüstiger als ein Schlaraffe
  Greif ich meine blanke Waffe,

Und zu meinem Gegner sprech ich:
Sieh dich vor, geputzter Affe!
Denn beim letzten Verse stech ich.

Sie beginnen zu fechten.

In Ermangelung edlern Wilds
Wünsch ich, daß ein Stich dir klaffe
In der Leber oder Milz.
Schau, mein Arm, der kräftig straffe,
Strebt nun, daß er dich erraffe.
Mein verhöhntes Antlitz räch ich,
Daß es keiner mehr begaffe;
Denn beim letzten Verse stech ich.

Wirst du grünlich wie ein Pilz?
Gleich der zitternden Giraffe
Muster eines Jammerbilds!
Zeigst du, daß dein Mut erschlaffe,
Eh' mein Pulver ich verpaffe?
Heut dein warmes Herzblut zech ich
Aus kristallener Karaffe;
Denn beim letzten Verse stech ich.

Feierlich ankündigend.

Zueignung.

Beichte schnell! Wo ist ein Pfaffe?
Deinen Widerstand zerbrech ich:
Finte! Quart! *Zustoßend.* Da hast du's, Laffe!

Valvert schwankt; Cyrano mit eleganter Verbeugung.

Denn beim letzten Verse stech ich.

Beifallsrufe. Händeklatschen in den Logen. Blumen und Taschentücher werden heruntergeworfen. Die Offiziere umringen Cyrano beglückwünschend. Ragueneau tanzt vor Begeisterung. Le Bret ist stolz und betrübt zugleich. Valvert wird von seinen Freunden gestützt und hinausgeführt.

DIE MENGE *in einem langen Schrei.* Ah!

EIN CHEVAUXLEGER. Prachtvoll!

EINE DAME. Reizend!

EIN MARQUIS. Neu!

RAGUENEAU. Pyramidal!

LE BRET. Wahnsinnig!

VIELE *drängen sich um Cyrano. Man hört abgerissen.*

Glückwunsch … Kompliment … Genial …

STIMME EINER DAME. Ein Heros!

EIN MUSKETIER *nähert sich lebhaft Cyrano, ihm die Hand entgegen-*
streckend.

Darf ich Ihre Hände drücken?

Ich bin ein Fachmann; aber diese Quart …!

Ich habe laut getrampelt vor Entzücken.

CYRANO *zu Cuigy.*

Wer war das?

CUIGY. D'Artagnan.

LE BRET *Cyrano unterm Arm fassend.*

Nun höre!

CYRANO. Wart!

Zu Bellerose.

Ich bliebe gern, bis dieser Schwarm zerstoben.

BELLEROSE *respektvoll.*

Oh, bitte!

Man hört Lärm auf der Straße.

JODELET *hat nachgesehen.*

Montfleury wird ausgelacht.

BELLEROSE. Sic transit!

In anderem Ton zum Portier und zu dem Auslöscher.

Scheuert! Löscht nur einen Teil
Der Lichter! Denn wir essen schnell zur Nacht,
Um später noch ein neues Stück zu proben.

Jodelet und Bellerose verbeugen sich mehrmals tief vor Cyrano und
gehen.

PORTIER *zu Cyrano.*
  Sie speisen nicht?
CYRANO. Ich? Nein.

Der Portier geht nach hinten.

LE BRET. Warum nicht?
CYRANO *stolz.* Weil …

*Nachdem er sich umgesehen und konstatiert hat, daß der Portier
  nicht mehr hören kann, in verändertem Ton.*

Ich hab kein Geld.
LE BRET *die Geste nachahmend, mit welcher Cyrano den Beutel geworfen.*
  Die Börse?
CYRANO. Sei nicht bös …
  Mein ganzer Monatszuschuß war darin.
LE BRET. Nichts blieb dir?!
CYRANO. Nichts.
LE BRET. Und alles warfst du hin!
CYRANO. Alles!
LE BRET. Wie töricht!
CYRANO. Aber wie pompös!
BÜFETTDAME *hinter ihrem kleinen Büfettisch, hustet.*
  Hm!

*Cyrano und Le Bret drehen sich um. Sie nähert sich ihnen
  schüchtern.*

Herr … Verzeihung … Wenn Sie hungrig sind …

Auf das Büfett zeigend.

Ich bitte … *eifrig nehmen Sie!*
CYRANO *den Hut abnehmend.*
  Mein gutes Kind,
  Nie würde mein Gascogner Stolz erlauben,
  Daß Ihre Güte mir den Imbiß schenke;
  Doch weil ich fürchte, daß ich sonst Sie kränke,
  Drum nehm ich … *er geht zum Büfett und wählt aus*
  eine Beere dieser Trauben …

Sie will ihm die ganze Traube geben; er pflückt eine Beere.

Nur eine! … dieses Glas voll Wasser …

Sie will Wein zugießen; er hindert sie daran.

pur!
… Und dies Makrönchen halb!

Er gibt ihr die andere Hälfte zurück.

LE BRET. Der Unverstand!
BÜFETTDAME *drängend.*
    Noch etwas!
CYRANO. Einen Kuß auf Ihre Hand!

Er küßt die ihm dargebotene Hand, als wäre sie die einer Prinzessin.

BÜFETTDAME. Ich danke. *Mit einem Knicks.* Gute Nacht.

Sie geht ab.

Fünfter Auftritt

Cyrano. Le Bret. Dann der Portier.

CYRANO *zu Le Bret.* Jetzt rede nur.

Er installiert sich vor dem Büfett, legt die Makrone vor sich hin.

Hier Speise …

Er stellt daneben das Glas Wasser.

Trank …

Er legt daneben die Traubenbeere.

Dessert!

Er setzt sich.

Und nun zu Tisch.
Ach ja, mein Hunger, Freund, war mörderisch.

Essend.

Nun also?

LE BRET. Fürchten muß ich, daß dir heute
Der Geckenschwarm das klare Denken stahl.
Doch forsche nur, wie auf vernünft'ge Leute
Dein toller Streich gewirkt hat!

CYRANO *seine Makrone kauend.* Kolossal.

LE BRET. Der Kardinal indes …

CYRANO *befriedigt.* War der zugegen?

LE BRET. Er fand gewiß den Vorfall …

CYRANO. Grandios!

LE BRET. Jedoch …

CYRANO. Er dichtet selbst. Drum freut ihn zweifellos,
Daß ich gestört das Stück des Herrn Kollegen.

LE BRET. Du machst dir neue Feinde Schlag auf Schlag.

CYRANO *die Traubenbeere essend.*
Wie viele schuf mir wohl der heut'ge Tag?

LE BRET. Fünfzig, die Damen nicht gezählt.

CYRANO. Das wären?

LE BRET. Guiche, Baro, Montfleury, Valvert, die ganze
Akademie …

CYRANO. Fürwahr, das ist mir lieb!

LE BRET. Wo soll das hin? Willst du mir nicht erklären,
Was dir …

CYRANO. Ich drehte mich im Zirkeltanze
Planlos umher; nun hab ich ein Prinzip!

LE BRET. Prinzip?

CYRANO. Das steht für mich in Erz gegraben:
Ich will erhaben sein, schlechtweg erhaben.

LE BRET *achselzuckend.*
Gut! Doch dein Zorn auf Montfleury? Sag ehrlich:
Was ist sein Grund?

CYRANO *aufstehend.* Der Fettkloß, der schon lang
Nicht mit der Hand mehr kann zum Nabel reichen,
Glaubt fest, er sei für Frauen noch gefährlich,
Froschäugig zwinkernd ihnen Liebeszeichen.
Ich aber haß ihn, seit sein Blick sich mühte,
Ihr zu begegnen, die … Mir kam es vor,
Als kröch' ein Mehlwurm über eine Blüte.

LE BRET *höchst erstaunt.*

Ist's möglich, Freund …?

CYRANO *mit bitterem Lächeln.*

Daß ich mein Herz verlor?

In anderem Ton, sehr ernst.

Es ist.

LE BRET. Und sprachst kein Wort? Noch faß ich kaum …

CYRANO. Es ist. Nun denke! Mir wird jeder Traum,
Es könne selbst die Häßlichste mich lieben,
Durch dieses Nasenungetüm vertrieben,
Und doch wie hätt' ich anders denn gekonnt?
Hab ich der Schönen Schönste mir erlesen!

LE BRET. Die Schönste?

CYRANO. Ja, von allen, die gewesen,
War keine je so hold, so zart, *mit Niedergeschlagenheit*
so blond!

LE BRET. Mein Gott, wer ist sie denn?

CYRANO. Ein süß Verhängnis,
Das ahnungslos vernichtet und belebt,
Ein Fallstrick der Natur, den zur Bedrängnis
Die Liebesgötter rosig uns gewebt!
Ihr Lächeln ist das Paradies auf Erden.
Sie legt noch Anmut in ein Nichts und zeigt
Sich gottgleich in Bewegung und Gebärden;
Sie schwebt in ihren Wagen und sie schreitet
Leichter, als Venus in die Muschel steigt
Und als Diana durch die Wälder gleitet!

LE BRET. Potz Wetter, ist es …?

CYRANO. Brauch ich sie zu nennen?

LE BRET. Madeleine Robin?

CYRANO. Roxane.

LE BRET. Deine Base!
Du liebst sie? Gut! Du mußt es ihr bekennen.
Sie war ja Zeugin deiner Tapferkeit.

CYRANO. Schau mich doch an und gib mir dann Bescheid,
Wie viele Hoffnung dieses Trumm von Nase
Mir übrig läßt! Ich bin nicht so verblendet.

In schwachen Stunden zwar, wenn heitrer Abend
Aus einem Park mir seine Düfte labend
In dieses große Riechorgan entsendet
Und ich beim Strahl des Mondes muß erlauschen,
Wie Liebespärchen Flüsterworte tauschen,
Dann denk ich mir: es wäre doch ergötzlich,
Im Vollmond, Arm in Arm, ein Schäferspiel;
Ich schwärme, werde kühn … und sehe plötzlich
Als Schatten an der Mauer mein Profil.

LE BRET *gerührt.*

Mein Freund …

CYRANO. Mein Freund, oft quält mich's unermeßlich,
Daß ich so wüst bin; manchmal bis zum …

LE BRET *seine Hand ergreifend.* Weinen?

CYRANO. O niemals! Nie! Das wäre gar zu häßlich,
Wenn salz'ge Flut auf dieses Monstrum ränne.
Nie darf, solang ich noch mich selber kenne,
Der Tränen lautre Schönheit sich vereinen
Mit solcher Ungestalt. Denn, wohlbedacht,
Nichts ist ja heiliger als Menschenzähren;
Für einen Frevler würd' ich mich erklären,
Hätt' ich nur eine lächerlich gemacht.

LE BRET. Laß ab von dieser Schwermut. Lieb' ist blind.

CYRANO *den Kopf schüttelnd.*

Venus schwärmt für Adonis; Dido freit
Aeneas. Hatten die viel Ähnlichkeit
Mit mir?

LE BRET. Dein Mut! Dein Geist! Ein hübsches Kind
Bot dir soeben Trank und Speise dar.
Sieht das etwa besondrem Abscheu gleich?

CYRANO *betroffen.*

Nein, nein …

LE BRET. Da hast du's! Und Roxane war
Ganz bleich bei deinem Zweikampf.

CYRANO. Sie war bleich?

LE BRET. Wenn ihr Verstand und Herz dir Beifall zollen,
Was hast du noch zu fürchten?

CYRANO. Ihren Spott!

PORTIER *auftretend, zu Cyrano.*

Herr, eine Dame bittet …

CYRANO *die eintretende Duenna erblickend.*

O mein Gott!

Ihre Begleiterin! Was mag sie wollen?

Sechster Auftritt

Vorige. Die Duenna.

DUENNA *mit einem tiefen Knicks.*

Man wüßte gern, wo man geheim und still

Den tapfren Vetter sprechen kann.

CYRANO *verwirrt.* Mich sprechen?!

DUENNA *wieder knicksend.*

Jawohl. Man will …

CYRANO. Was will man?

DUENNA *abermals knicksend.* Kurz, man will.

CYRANO *wankend.* Mein Gott!

DUENNA. Beginnt der Morgen anzubrechen,

Dann wird man in die Kirche gehn, zur Messe.

CYRANO *sich auf Le Bret stützend.*

Mein Gott!

DUENNA. Wo träfe man sich in der Näh'?

CYRANO *kaum der Sprache mächtig.*

Bei … Himmel!

DUENNA. Schnell!

CYRANO. Ich will nur überlegen …

DUENNA. Wo?

CYRANO. Bei … bei Ragueneau … dem Koch …

DUENNA. Adresse?

CYRANO. In … Himmel! … in der Rue Saint-Honoré.

DUENNA *aufbrechend.*

Um sieben ist man dort.

CYRANO. Ich bin zugegen.

Duenna ab.

Siebenter Auftritt

Cyrano. Le Bret. Dann Schauspieler, Schauspielerinnen, Cuigy, Brissaille, Lignière, der Portier, die Geiger.

CYRANO *sich in Le Brets Arme stürzend.*
  Sie! Mir! Ein Stelldichein!
LE BRET. Gibt das dir Mut?
CYRANO. Zum mindesten bemerkt sie, daß ich lebe!
LE BRET. Bist du nun ruhig?
CYRANO. Ruhig? Nein, ich bebe
  Vor lauter Tatendrang; heiß kocht mein Blut!
  Ein ganzes Heer will ich zum Feind erkiesen;
  Denn Herz und Arm fühl ich verzwanzigfacht!
  Nicht Zwerge mehr durchbohr ich … *brüllend* sondern
  Riesen!

Inzwischen sind auf der Bühne, im Hintergrund, die Schatten von Schauspielern sichtbar geworden, die sich dort hin und her bewegen und flüstern. Man beginnt eine Probe. Die Geiger haben ihren alten Platz wieder eingenommen.

EINE STIMME *von der Bühne aus.*
  Pst! Hier ist Probe. Keinen Lärm gemacht!
CYRANO *lachend.*
  Wir gehn.

Er macht einige Schritte nach hinten. Durch die große Mitteltür kommen Cuigy, Brissaille und mehrere Offiziere, welche den vollständig betrunkenen Lignière führen.

CUIGY. Cyrano!
CYRANO. Was?
CUIGY. Ein Murmeltier
  Fing sich im Netz.
CYRANO *ihn erkennend.*
  Lignière! Was willst du hier?
CUIGY. Er sucht dich …
BRISSAILLE. Weil er nicht nach Hause kann.

CYRANO. Warum nicht?

LIGNIÈRE *ihm ein ganz zerknittertes Billett zeigend, mit lallender Stimme.*

> Dieses Briefchen … Hundert Mann,
> Die bei der Porte de Nesle … mir meiner Verse wegen
> Auf meinem Heimweg … nach dem Leben trachten.
> Kann ich … kann ich bei dir heut übernachten?

CYRANO. Hundert? Du sollst daheim dich schlafen
> legen!

LIGNIÈRE *angstvoll.*

> Indessen …

CYRANO *mit schrecklicher Stimme.*

> Fürchte nichts!

Er deutet auf die angezündete Laterne, die der Portier, neugierig zuhörend, in der Hand schaukeln läßt.

CYRANO. Nimm die Laterne!

Lignière gehorcht.

> Ich will dich schützen, wenn Gefahr dir dräut!

Zu den Offizieren.

> Folgt uns als Zeugen; aber nur von ferne!

CUIGY. Doch hundert Mann …!

CYRANO. So viele brauch ich heut!

Die Schauspieler und Schauspielerinnen sind in ihren Kostümen von der Bühne herabgestiegen und nähern sich den Sprechenden.

LE BRET. Weshalb beschützest du …

CYRANO. Kommst du mir auch?

LE BRET. Den Saufkumpan?

CYRANO *Lignière auf die Schulter klopfend.*

> Weil dieser Saufkumpan,
> Dies alte Spritfaß, dieser Branntweinschlauch,
> Einst etwas Wunderschönes hat getan:
> Bemerkend, wie sein Lieb im Gotteshaus
> Sich fromm besprengte mit geweihtem Wasser,
> Lief er, des Wässrigen geschworner Hasser,
> Geschwind zum Kessel hin und trank ihn aus.

EINE SCHAUSPIELERIN *im Soubrettenkostüm.*
  Ach, das ist hübsch!
CYRANO. Nicht wahr, Fräulein Soubrette?
DIE SCHAUSPIELERIN *zu den anderen.*
  Warum verfolgt man diesen armen Dichter?
CYRANO. Vorwärts! *Zu den Offizieren.*
  Doch bleibt entfernt, damit die Wichter
  Nicht glauben, daß ich Beistand nötig hätte!
  Eine andere Schauspielerin *von der Bühne herunterspringend.*
  Das muß ich sehn!
CYRANO. Marsch!
EINE DRITTE SCHAUSPIELERIN *herunterspringend, zu einem alten
  Schauspieler.*
  Kommst du mit, Cassander?
CYRANO. Ja, Kinder, folgt mir alle miteinander!
  Als leichtbeschwingte, tolle Bienenschwärme
  Sollt ihr dem spanischen Drama zugesellen
  Den italienischen Schwank, und sollt im Lärme
  Des Kampfes klingeln mit den Narrenschellen.
ALLE DAMEN *vor Freude hüpfend.*
  Bravo! Mein Kopftuch meinen Schal!
JODELET. Hurra!
CYRANO *zu den Geigern.*
  Und Ihre Geigen spielen uns den Tusch.

  *Die Geiger schließen sich dem Zuge an, der sich nun bildet. Man
  bemächtigt sich der an der Bühnenrampe brennenden Kerzen und
  verteilt sie wie zu einem Fackelzug.*

Das kostümierte Völkchen hinterdrein,
Und zwanzig Schritt voraus … *er plaziert sich dementsprechend …*
  ich ganz allein,
Glorreich umweht von meinem Federbusch,
Stolz wie mein Urbild Scipio Nasica!
Beispringen darf mir niemand, was auch immer
Geschieht! Nun, Pförtner, öffnen Sie das Tor!

  *Der Portier öffnet die beiden Flügel der Mitteltür. Ein malerischer,
  mondbeschienener Winkel des alten Paris wird sichtbar.*

Da liegt Paris im näct'gen Nebelflor,
Die Dächer blau beglänzt vom Mondesschimmer;
Der Seine Zauberspiegel bebt im Wind
Und läßt den Widerschein der dunst'gen Lichter
Erzittern! Gibt es schönere Kulissen?
Der Vorhang geht nun auf; das Stück beginnt!
ALLE. Zur Porte de Nesle!
CYRANO *in der Tür stehend.* Zur Porte de Nesle!

> *Sich noch einmal umwendend, zur Soubrette.*

Zu wissen
Verlangten Sie, mein Kind, warum sich hundert Mann
Verschworen gegen einen armen Dichter?

> *Er zieht seinen Degen; in ruhigem Ton.*

Weil er mein Freund ist.

> *Zu den übrigen.*

Folgt! Ich geh voran.

Er geht ab. Der Zug setzt sich, unter dem Klang der Geigen und im Schein der Kerzen, in Bewegung; Lignière, hin und her schwankend, an der Spitze; die Schauspielerinnen Arm in Arm mit den Offizieren; zuletzt die Schauspieler, Luftsprünge machend.

Zweiter Aufzug

Die Garküche der Poeten

Der Laden Ragueneaus, an der Ecke der Rue Saint-Honoré und der Rue de l'Arbre-Sec; das breite Glasfenster der Eingangstür gewährt den Ausblick auf diese noch in die Dämmerung des frühen Morgens gehüllten Straßen. Links vorn das Kontor, überragt von einem schmiedeeisernen Baldachin, an welchem Gänse, Enten und weiße Pfauen aufgehängt sind. In großen Fayencevasen hohe Sträuße von Feldblumen (hauptsächlich gelbe Sonnenblumen). Auf derselben Seite, etwas weiter hinten, riesiger Kamin, vor welchem, zwischen mächtigen Feuerböcken, deren jeder einen kleinen Kochtopf trägt, die Braten in den Pfannen schmoren.

Rechts vorn eine Tür. Dahinter eine Treppe, zu einem Hängeboden führend, dessen Innenraum durch offenstehende Türflügel sichtbar ist; dort steht ein gedeckter Tisch, und brennt ein kleiner flämischer Kronleuchter. Eine hölzerne Galerie schließt sich, nach hinten zu, an die Treppe an und scheint zu anderen ähnlichen Separatzimmerchen zu führen.

In der Mitte der Bühne, an der Decke, ein großer eiserner Ring, der mit einem Strick heruntergelassen werden kann, und an dem große Stücke Wildbret befestigt sind. Die Backöfen unter der Treppe glühen durch das Halbdunkel; die Kupfergeschirre funkeln; Bratspieße drehen sich herum. Große Aufsätze türmen sich empor. Schinken hängen allenthalben.

Eilfertige Bedienstete wimmeln umher, stattliche Köche und winzige Küchenjungen; die Mützen von vielen sind geschmückt mit Hühnerfedern oder Perlhuhnflügeln. Auf Blechplatten und in Weidenkörben werden gewaltige Vorräte von Backwerk aller Art herbeigetragen. Mehrere Tische, bedeckt mit Schüsseln und Kuchen; andere, von Stühlen umgeben, sind für die Gäste bestimmt. Ein kleiner Tisch, in einem Winkel, ist mit Papieren überhäuft. Dort sitzt Ragueneau beim Aufgehen des Vorhangs und schreibt.

Erster Auftritt

*Ragueneau. Köche. Dann Lise. Ragueneau schreibt an dem kleinen
Tisch, voll Inspiration die Verse an den Fingern abzählend.*

ERSTER KOCH *mit einem Aufsatz.*
  Fruchtaufsatz!
ZWEITER KOCH *mit einer Platte.*
  Krapfen!
DRITTER KOCH *mit einem blumengeschmückten Braten.*
  Pfau!
VIERTER KOCH *mit einem Kuchenblech.*
  Biskuit!
FÜNFTER KOCH *mit einer Terrine.*
  Pasteten!
RAGUENEAU *von seinem Manuskript aufsehend.*
  Aurora schwebt empor. Nun, Ragueneau,
  Erstick in dir den schwärmenden Poeten!
  Leg fort die Leier; denn dich ruft der Ofen!

> *Aufstehend, zu einem Koch.*

  An dieser Soße fehlen ein paar Strophen.
DER KOCH. Wie?
RAGUENEAU. Dichte sie hinzu!

> *Er geht zum Kamin.*

  Die Muse floh,
  Damit nicht, von dem Küchenrauch bedroht,
  Ihr zartes Götterauge Schaden litte.

> *Zu einem Bäcker, auf ein Brot deutend.*

  Falsch angebracht ist dieser Spalt im Brot;
  Denn die Zäsur gehört stets in die Mitte.

> *Zu einem andern, ihm eine unvollendete Pastete zeigend.*

  Vergiß nicht, auf dies Haus ein Dach zu tun.

Zu einem Lehrjungen, welcher, auf der Erde sitzend, Geflügel anspießt.

Und du, mein Söhnchen, laß an dieser Stange
Abwechseln mit dem schlicht bescheidnen Huhn
Den stolzen Truthahn, wie Malherbe in freier
Abwechslung kurze Verse schrieb und lange,
Und dreh sie fleißig um, bis sie sich reimen.
EIN ANDERER LEHRJUNGE *sich ihm mit einer Platte nähernd, die mit einer Serviette zugedeckt ist.*
Dies, Meister, hab ich Ihnen im geheimen
Gemacht, als Überraschung!

Er hebt die Serviette auf, man sieht eine große Leier aus Backwerk.

RAGUENEAU. Eine Leier!
LEHRJUNGE. Aus Butterteig.
RAGUENEAU *gerührt.* Und rings kandierte Früchte!
LEHRJUNGE. Die Saiten sind aus Zucker.
RAGUENEAU *ihm Geld gebend.* Nimm zum Lohn …

Er sieht Lise eintreten.

Still! Meine Frau! Verbirg das Geld und flüchte!

Zu Lise, mit etwas verlegenem Gesicht ihr die Leier zeigend.

Hübsch, nicht wahr?
LISE. Abgeschmackt!

Sie legt auf das Kontor einen Stoß von Papiertüten.

RAGUENEAU. Was bringst du? Düten?

Er betrachtet sie.

Gott! Meiner Freunde Bücher! Welch ein Hohn:
Zerfetzt, zerrissen ihres Geistes Blüten,
Zum schnöden Umschlag für Konfekt vernichtet!
Du treibst es, wie mit Orpheus die Mänaden.
LISE *trocken.*
Was gehn mich deine Kleckser an? Sei froh,
Wenn ich derart das einzige verwerte,

Womit das Pack die Zeche dir entrichtet.
RAGUENEAU. Ameise, schmähe nicht die göttlichen Zikaden!
LISE. Ich war dir, eh' dies Volk bei uns verkehrte,
  Ameise nicht, und nicht Mänade!
RAGUENEAU. So
  Mit Versen umzugehn!
LISE. Um Geld zu sparen.
RAGUENEAU. Wie denkst du dann mit Prosa zu verfahren?!

Zweiter Auftritt

Vorige. Zwei Kinder, durch die Eingangstür.

RAGUENEAU. Was wünscht ihr, Kinder?
ERSTES KIND. Drei Pastetchen.
RAGUENEAU *sie bedienend.* Hier.
  Recht braun und heiß.
ZWEITES KIND. Einwickeln, bitte!
RAGUENEAU *erschreckt, für sich.* Weh!
  Der Mord beginnt!

Zu den Kindern.

Einwickeln? In Papier?

Er nimmt eine Tüte; im Begriff, die Pastetchen hineinzutun, liest er.

»Als Held Ulysses nun verließ Penelope …«
Nicht dies!

Er legt die Tüte beiseite, nimmt eine andere, dasselbe Spiel wie oben.

»Gott Phöbus stieg …« Auch dieses nicht.
LISE *ungeduldig.*
  Nun? Wird's bald?
RAGUENEAU. Gleich; sogleich! Ich will nur wissen …

Er nimmt eine dritte; resigniert.

Das Lied an Phillis! Schwer ist der Verzicht.

LISE *achselzuckend.*

Ein Glück, daß er sich endlich losgerissen!

Sie steigt auf einen Stuhl und ordnet die Schüsseln auf einer Kredenz.

RAGUENEAU *hält, sobald sie ihm den Rücken dreht, die Kinder an der Türe auf.*

Pst! Gebt das »Lied an Phillis« mir zurück
Und nehmt dafür zwei Hände voll Konfekt!

Die Kinder geben ihm die Tüte wieder, greifen eifrig nach dem Konfekt und gehen hinaus. Ragueneau entfaltet und glättet das Papier; liest.

»Phillis …« Der holde Name fettbefleckt!

Dritter Auftritt

Ragueneau. Lise. Cyrano. Dann ein Musketier.

CYRANO *eilig eintretend.*

Was ist die Uhr?

RAGUENEAU *ihn diensteifrig begrüßend.*

Schlag sechs.

CYRANO *erregt.* Noch eine Stunde.

Er geht auf und ab.

RAGUENEAU *ihm folgend.*

Bravo! Ich sah …

CYRANO. Was denn?

RAGUENEAU. Ihr Heldenstück!

CYRANO. Welches?

RAGUENEAU. Den Zweikampf!

CYRANO *geringschätzig.* Das Duellchen? Ei!

RAGUENEAU *bewundernd.*

Ja, das Duell in Versen.

LISE. Stets im Munde
Führt er Ihr Lob.

CYRANO. Ach, das war Spielerei.

RAGUENEAU *mit einem Bratspieß, den er ergriffen hat, ausfallend.*

»Denn beim letzten Verse stech ich.«

»Beim letzten Verse stech ich.« Wunderbar!

Mit wachsendem Enthusiasmus.

»Beim letzten ...«

CYRANO. Wieviel Uhr ist?

RAGUENEAU *in der Ausfallstellung nach der Uhr sehend.*

Fünf Minuten

Nach sechs. *Sich aufrichtend.*

Oh »Milz« und »Pilz«, welch Reimepaar!

LISE *zu Cyrano, der, an ihrem Kontor vorübergehend, ihr zerstreut die Hand gegeben hat.*

Was haben Sie an Ihrer Hand? Sie bluten?

CYRANO. Ach, nur geritzt!

RAGUENEAU. Ein Abenteuer!

CYRANO. Nein!

LISE *ihm mit dem Finger drohend.*

Mir scheint, Sie lügen.

CYRANO. Zuckt mein Nasenloch?

Dann müßt' es eine Riesenlüge sein!

In anderem Ton.

Falls jemand kommt, den ich erwarte, bitt ich,

Daß man allein uns läßt.

RAGUENEAU. Gern; bald jedoch

Sind meine Dichter hier ...

LISE. Zur Fütterung.

CYRANO. Gleichviel!

Wie spät nun?

RAGUENEAU. Sechs Uhr zehn.

CYRANO *setzt sich nervös an Ragueneaus kleinen Tisch und nimmt einen Bogen Papier.*

Schnell einen Kiel

Zum Schreiben!

RAGUENEAU *ihm die Feder anbietend, die er hinterm Ohr stecken hat.*

Hier! Von einem Schwanenfittich.

EIN MUSKETIER *mit einem stolzen Schnurrbart tritt ein und sagt mit Stentorstimme.*

Grüß Gott!

Lise geht lebhaft auf ihn zu.

CYRANO *sich umdrehend.*

Wer ist denn das?

RAGUENEAU. Ein Eisenfresser.

Freund meiner Frau.

CYRANO *ergreift wieder die Feder und winkt Ragueneau, sich zu entfernen.*

Still! *Für sich.* Schriftlich das geht besser …

Den Brief ihr geben und dann fliehn …

Die Feder hinwerfend. Wie feige!

Doch eher sterb ich, als …

Zu Ragueneau. Wie spät?

RAGUENEAU. Ein Viertel sieben.

CYRANO *für sich.*

Als daß ich redend ihr mein Innres zeige.

Doch schreibend ja!

Er greift wieder zur Feder.

Drum werd er jetzt geschrieben,
Der Liebesbrief, den ich mit jedem Hauche
Der Seele hundertfältig aufgesetzt
Und der so fertig ist, daß ich ihn jetzt
Auf diesem Blatt nur zu kopieren brauche.

Er schreibt. Hinter dem Glasfenster der Tür sieht man magere Silhouetten sich bewegen.

Vierter Auftritt

Vorige. Die Poeten, schwarz gekleidet, mit schlottrigen, von Straßenschmutz bespritzten Strümpfen.

LISE *zu Ragueneau.*

Da kommt die schmierige Bande!

ERSTER POET *eintretend, zu Ragueneau.*
Freund!
ZWEITER POET *ebenso, ihm die Hände schüttelnd.*
Kollege!
DRITTER POET. Krone der Bäcker!

Er schnuppert.

Hier riecht's wundervoll!
VIERTER POET. Phöbus am Herd!
FÜNFTER POET. Kochkundiger Apoll!
RAGUENEAU *umringt, umarmt, bei den Händen geschüttelt.*
Man merkt doch gleich die feine Geistespflege!
ERSTER POET. Der Volkschwarm, der die Porte de Nesle umstellt,
Ließ uns nicht durch …
ZWEITER POET. Dort auf dem Pflaster lagen
Acht Strolche, blutend und erschlagen.
CYRANO *einen Augenblick den Kopf hebend.*
Acht? Sieben zählt' ich nur. *Er schreibt weiter.*
RAGUENEAU *zu Cyrano.* Wer war der Held?
Sie wissen's wohl?
CYRANO *gleichgültig.*
Ich? Nein.
LISE *zum Musketier.* Und Sie?
MUSKETIER *seinen Schnurrbart drehend.* Vielleicht.
CYRANO *murmelt von Zeit zu Zeit beim Schreiben ein Wort vor sich
hin.*
»Ich liebe dich …«
ERSTER POET. Man sagt: ein einz'ger Mann
Verjagte hundert!
ZWEITER POET. Einem Schlachtfeld gleicht
Der Boden: Stöcke, Waffen …
CYRANO *schreibend.* »Hör mich an …«
DRITTER POET. Und herrenlose Hüte weit verstreut.
ERSTER POET. Das muß ein toller Bursch sein …
CYRANO. »Deine Wangen …«
ERSTER POET. Ein Kerl, der nicht einmal den Satan scheut!
CYRANO. »Dein Blick erfüllt mich so mit Furcht und Bangen …«
ZWEITER POET *einen Kuchen eskamotierend, zu Ragueneau.*

Schriebst du was Neues?
CYRANO. Namenszug …

Im Begriff, zu unterzeichnen, hält er inne, steht auf und steckt den Brief in sein Wams.

Doch nein;
Ich selber werde ja den Brief ihr geben.
RAGUENEAU *zum zweiten Poeten.*
In Verse bracht' ich ein Rezept soeben.
DRITTER POET *sich neben einer Platte voll Rahmtörtchen installierend.*
Lies vor!
VIERTER POET *einen Zwieback, den er sich genommen hat, betrachtend.*
Der Zwieback scheint nicht viel zu taugen.

Er beißt hinein.

ERSTER POET. Dies Zuckerbrot gab mir ein Stelldichein
Und lacht mich an mit süßen Mandelaugen.

Er nimmt es.

ZWEITER POET. Wir hören.
DRITTER POET *hat ein Törtchen ergriffen.*
Täglich backt er feinre Sorten.
ERSTER POET *zum vierten, ihn mit dem Ellbogen anstoßend.*
Schmeckt's gut?
VIERTER POET *zum ersten.*
Und dir?
RAGUENEAU *hat zur Vorbereitung sich geräuspert, seine Mütze zurecht-gerückt und sich in Positur gesetzt.*
Ein ganz bescheidnes Blatt …
ZWEITER POET *die große Leier aus Zuckerwerk anbeißend.*
Zum erstenmal macht mich die Leier satt.
RAGUENEAU *liest.*
»Rezept für kleine Mandeltorten.«

Schlag das Eiweiß etwa dreier
Frischer Eier,
Bis sie sich in Schaum verwandeln;
Gieß Zitronensaft hinein;

Misch ihn fein
Mit der Milch von süßen Mandeln.

Blätterteig aus feiner Butter
Nimm zum Futter
Für des Kuchenbleches Hülle;
Sei bedacht, daß nun der Schaum
Diesen Raum
Tropfenweis allmählich fülle.

Laß den Teig vom Feuer packen,
Bis gebacken
Er verläßt des Ofens Pforten:
So bekommst du braun und gar
Eine Schar
Kleiner feiner Mandeltorten.

DIE POETEN *mit vollem Munde.*
  Schön! Prachtvoll!
EIN POET *würgend.* Hum!

> *Sie gehen essend nach hinten. Cyrano, der sie beobachtet hat, tritt*
> *zu Ragueneau.*

CYRANO. Entgeht dir, wie beim Hören
  Der Schwärm sich vollstopft?
RAGUENEAU *lächelnd, halblaut.*
  Nein; ich tu nur so,
  Als merkt' ich gar nichts, um sie nicht zu stören,
  Und werde meines Vortrags doppelt froh:
  Indes mich selber meine Verse laben,
  Gewähr ich denen Brot, die Hunger haben.
CYRANO *ihm auf die Schulter klopfend.*
  Brav, alter Freund!

> *Ragueneau geht nach hinten zu den Poeten. Cyrano folgt ihm mit*
> *den Augen, ruft dann plötzlich.*

He, Lise!

> *Lise, in einem zarten Gespräch mit dem Musketier unterbrochen,*
> *erschrickt und kommt nach vorn.*

Dieser Krieger
Belagert Sie?
LISE *gekränkt.* Mein stolzer Blick erträgt
Den Angriff und bleibt jederzeit der Sieger!
CYRANO. Ein Sieger, der sich selbst zu Boden schlägt?
LISE *mit ersticktem Zorn.*
Ach …
CYRANO *auf Ragueneau zeigend; so laut, daß der Musketier es hören kann.*
Jener ist mein Freund; ich dulde nicht,
Daß irgendwer in seinem Garten grase.
LISE. Jedoch …
CYRANO *noch lauter.*
Man merk' es wohl!

Er grüßt den Musketier und geht, nachdem er auf die Uhr gesehen hat, nach der Eingangstür, um dort erwartungsvoll aufzupassen.

LISE *zum Musketier, der Cyranos Gruß ruhig erwidert hat.*
Sind Sie schon quitt?
Ein Wort … auf seine Nase!
MUSKETIER. Seine … Nase …

Er entfernt sich schnell; Lise folgt ihm.

CYRANO *gibt von der Eingangstür aus Ragueneau Zeichen, die Poeten zu entfernen.*
Pst!
RAGUENEAU *zu den Poeten, auf die Tür rechts deutend.*
Kommt hinein!
CYRANO *ungeduldig.*
Pst! Pst!
RAGUENEAU *sie drängend.* Um ein Gedicht
Zu lesen …
ERSTER POET *mit vollem Mund, verzweifelt.*
Und die Kuchen!
ZWEITER POET. Nimm sie mit!

Sie gehen alle in feierlichem Aufzug hinter Ragueneau drein, nachdem sie noch möglichst viel Backwerk zusammengerafft haben.

Fünfter Auftritt

Cyrano. Roxane. Die Duenna.

CYRANO. Entdeck ich den geringsten Hoffnungsstrahl,
   Dann geb ich ihr den Brief!

*Roxane erscheint maskiert hinter dem Glasfenster, gefolgt von der
   Duenna. Er öffnet schnell die Tür.*

Herein! *Zur Duenna.* Zwei Worte!
DUENNA. Vier.
CYRANO. Sind Sie naschhaft?
DUENNA. Ach, im höchsten Grad.
CYRANO *nimmt schnell eine Anzahl Tüten.*
   Gut. Hier von Benserade ein Madrigal ...
DUENNA *enttäuscht.* Oh!
CYRANO. Angefüllt mit Aprikosentorte.
DUENNA. Ah!
CYRANO. Schwärmen Sie für Strudel?
DUENNA. In der Tat.
   Ich schätze sie; besonders mit viel Creme.
CYRANO. Ich wickle sechs davon in die Balladen
   Von Saint-Amant, und dies Poem
   Von Chapelain füll ich mit Butterfladen.
   Sind Sie für Blätterteig?
DUENNA. Mein Lieblingsessen.
CYRANO *sie mit gefüllten Tüten beladend.*
   Dann wollen Sie da draußen dies verzehren.
DUENNA. Ich ...
CYRANO *sie hinausdrängend.*
   Und erst, wenn Sie fertig, wiederkehren.

*Er schließt hinter ihr die Tür, nähert sich Roxane und bleibt
   barhäuptig in respektvoller Entfernung stehen.*

Sechster Auftritt

Cyrano. Roxane. Später Duenna.

CYRANO. O schönster Tag von vielen, vielen Tagen:
    Ich glaubte schon, Sie hätten mich vergessen …
    Was führt Sie her? Was wollen Sie mir sagen?
ROXANE *hat sich demaskiert.*
    Vor allem dank ich Ihrem tapfren Degen,
    Durch den ich diesem faden Tropf entrann:
    Sein mächt'ger Freund …
CYRANO. Graf Guiche?
ROXANE *die Augen niederschlagend.*
    Hat ihn zum Mann
    mir ausersehn …
CYRANO. Zum Strohmann?
    Mit einer Verbeugung. Lohn genug,
    Daß ich statt meiner langen Nase wegen
    Mich wegen Ihrer schönen Augen schlug.
ROXANE. Sodann … Doch was ich jetzt bekennen werde,
    Bekenn ich, weil Sie … fast mein Bruder sind,
    Mit dem ich oft gespielt im Park als Kind.
CYRANO. Zur Sommerzeit, auf heimatlicher Erde!
ROXANE. Sie schnitten Schwerter aus der Röhrichtgruppe …
CYRANO. Aus Maiskorn Sie das Blondhaar Ihrer Puppe.
ROXANE. Wir jagten uns …
CYRANO. Und manchen Schmetterling …
ROXANE. Sie mußten alles, was ich wollte, tun.
CYRANO. Roxane hieß noch Madeleine und ging
    In kurzen Kleidchen.
ROXANE. War ich hübsch?
CYRANO. Je nun,
    Nicht häßlich.
ROXANE. Manchmal, wenn Sie sich beim Klettern
    Die Hand verletzten, spielt' ich die Mama
    Und gab mir Mühe, zornerfüllt zu wettern:

        Sie nimmt seine Hand.

»Wie kommen Sie zu dieser Schramme da?«

Sie hält erstaunt inne.

Oh! Wieder eine? *Cyrano will die Hand zurückziehen.*
Nein, da nützt kein Hehl!
Solch alter Schlingel! Was begingst du? Sprich!
CYRANO. Ich bin geklettert bei der Porte de Nesle.
ROXANE *setzt sich an einen Tisch und taucht ihr Taschentuch in ein
Glas Wasser.*
Gib!
CYRANO *sich zu ihr setzend.*
So besorgt! So reizend mütterlich!
ROXANE. Nun beichten Sie! Derweil still ich das Blut.
Ein Kampf?
CYRANO. Nur etwa hundert Straßendiebe!
ROXANE. Ich bin gespannt.
CYRANO. Nein, ich! Was mir zu sagen
Vorhin Sie nicht gewagt …
ROXANE *ohne seine Hand loszulassen.*
Jetzt kann ich's wagen.
Der Hauch vergangner Zeiten gibt mir Mut.
Jawohl, ich wag es jetzt. Nun denn, ich liebe …
CYRANO. Ah!
ROXANE. Jemand, der's nicht ahnt.
CYRANO. Ah!
ROXANE. Jetzt noch nicht!
CYRANO. Ah!
ROXANE. Doch er soll's in kurzer Zeit erfahren.
CYRANO. Ah!
ROXANE. Denn dem armen Jungen selbst gebricht
Der Mut, mir sein Gefühl zu offenbaren.
CYRANO. Ah!
ROXANE. Wirklich, Ihre Hand ist heiß von Fieber.
Jedoch ich sah, wie das Geständnis brennt
In seinem Blick.
CYRANO. Ah!
ROXANE *hat ihm mit ihrem Taschentuch nun einen kleinen Verband
gemacht.* Denken Sie, mein Lieber:

Er dient in Ihrem Regiment!

CYRANO. Ah!

ROXANE *lächelnd.*

Als Kadett in Ihrer Kompanie!

CYRANO. Ah!

ROXANE. Geistvoll sieht er aus, stolz, adlig, herzhaft,

Ist jung und schön …

CYRANO *sich erhebend, ganz bleich.*

Und schön!

ROXANE. Was haben Sie?

CYRANO. Oh, nichts … Es ist …

er zeigt lächelnd seine Hand.

es ist ein wenig schmerzhaft.

ROXANE. Kurzum, ich lieb ihn. Doch ich muß gestehn:

Nur im Theater hab ich ihn gesehn.

CYRANO. Sie sprachen sich noch nicht?

ROXANE. Durch Blicke nur.

CYRANO. Und wissen dennoch …

ROXANE. Mitteilsame Leute

Sind mir bekannt, von denen ich erfuhr,

Er sei …

CYRANO. Er sei …?

ROXANE. Beim Gardecorps Kadett.

CYRANO. Und heißt?

ROXANE. Baron Christian von Neuvillette.

CYRANO. Dient nicht in unserm Corps!

ROXANE. O doch, seit heute:

Sein Hauptmann ist Castel-Jaloux.

CYRANO. Indessen,

Wenn Ihr geschwindes Herz nun irregeht …

DUENNA *die Eingangstür öffnend.*

Mein Herr, die Kuchen hab ich aufgegessen.

CYRANO. Jetzt lesen Sie, was auf den Düten steht!

Die Duenna verschwindet.

Sie sind ein Schöngeist, lieben feine Wendung

Der Rede. Wie, wenn er nun ein Barbar?

ROXANE. Wer solche Locken hat, besitzt Vollendung.

CYRANO. Doch wenn sein Geist so kraus ist wie sein Haar?

ROXANE. Er ist gewiß ein Feind von allem Derben.

CYRANO. Als solcher schon am zarten Schnurrbart kenntlich.
  Doch wenn er dumm ist?

ROXANE *mit dem Fuß stampfend.*
  Dann ... dann werd ich sterben!

CYRANO. Und um mir das zu sagen, kamen Sie?
  Die Nutzanwendung ist mir nicht verständlich.

ROXANE. Ach, weil man mir zu meinem Todesschreck
  Berichtet hat: in Ihrer Kompanie
  Sind nur Gascogner ...

CYRANO. Die der Zorn entflammt,
  Wenn sich durch Gönnerschaft ein junger Geck
  Eindrängt, der nicht aus der Gascogne stammt!

ROXANE. Ganz recht! Nun denken Sie, wie diese Kunde
  Mich für ihn zittern läßt!

CYRANO *zwischen den Zähnen.*
  Mit gutem Grunde!

ROXANE. Und als ich gestern Sie gleich einem Leuen
  Unwiderstehlich habe kämpfen sehn,
  Da sagt' ich mir: Wenn er, den alle scheuen ...

CYRANO. Nun, Ihrem Abgott soll kein Leid geschehn.

ROXANE. Sie bürgen mir, daß nichts ihn wird gefährden?
  Stets war ich Ihnen gut!

CYRANO. Ja, ja.

ROXANE. Sie werden
  Ein Freund ihm sein ...?

CYRANO. Gewiß, gewiß.

ROXANE. Ein treuer!
  Und nie wird er sich schlagen?

CYRANO. Ehrenwort.

ROXANE. Ich habe Sie sehr lieb. Nun muß ich fort.

*Sie setzt schnell wieder ihre Maske auf und bedeckt ihre Stirn mit
einem Schleier; dann, zerstreut.*

Ach, wollten Sie mir nicht Ihr Abenteuer
Erzählen? Hundert Mann! Er soll mir schreiben.

Sie wirft ihm eine Kußhand zu.

Ich liebe Sie!

CYRANO. Ja, ja.

ROXANE. Jetzt muß ich gehn.

Sie werden mir ein andermal … Wir bleiben
Doch Freunde?

CYRANO. Ja, gewiß.

ROXANE. Auf Wiedersehn!

Er soll mir schreiben! Hundert Mann! Das nenn ich
Den größten Mut!

CYRANO *mit Verbeugung.*

Noch einen größern kenn ich.

*Sie geht hinaus. Cyrano bleibt unbeweglich stehen. Pause. Die Tür
rechts öffnet sich; Ragueneau steckt den Kopf heraus.*

Siebenter Auftritt

*Cyrano. Ragueneau. Die Poeten. Carbon von Castel-Jaloux. Die
Kadetten. Le Bret. Volk. Später Graf Guiche.*

RAGUENEAU. Darf man hinein?

CYRANO *ohne sich zu rühren.*

Ja.

*Ragueneau gibt den Poeten ein Zeichen; sie kommen herein.
Gleichzeitig erscheint in der Eingangstür Carbon von Castel-Jalouxy
im Kostüm eines Hauptmanns der Garde, und macht heim Anblick
Cyranos lebhafte Gesten.*

CARBON *mit geräuschvoller Freude.*

Hatt' ich recht? Hier steht er,
Der Held! Mein Schwarm Kadetten möchte dir
Glück wünschen …

CYRANO *zurückweichend.* Aber …

CARBON *will ihn fortziehen.* Komm! Sie zechen hier
Gleich gegenüber!

CYRANO. Ich …

CARBON. Im »Schwarzen Peter«.

CYRANO. Nein, ich …

CARBON *eilt zur Eingangstür zurück und ruft mit donnernder Stimme über die Straße.*

Er will nicht kommen!

STIMME *von draußen.* Sapperlot!

Lärm auf der Straße; Degengeklirr; Geräusch von sich nähernden Schritten.

CARBON *sich die Hände reibend.*

Hast du gehört? Richtig, da sind sie schon.

DIE KADETTEN *hereinbrechend.*

Mordius! Potz Hagel! Schwerebrett!

RAGUENEAU *erschrocken zurückweichend.* Ach Gott,

Lauter Gascogner?

DIE KADETTEN. Ja!

EIN KADETT *zu Cyrano.* Hurra!

CYRANO *dankend.* Baron!

ZWEITER KADETT *Cyrano die Hand schüttelnd.*

Ein Meisterstück!

CYRANO. Baron!

DRITTER KADETT. Laß dich umarmen!

CYRANO. Baron!

MEHRERE KADETTEN. Vivat!

CYRANO *der sich nicht mehr zu helfen weiß.*

Baron … Baron … Erbarmen!

RAGUENEAU. Lauter Barone?

DIE KADETTEN. Ja!

ERSTER KADETT. Das wird ein Turm,

Wenn wir die Wappen aufeinanderlegen!

LE BRET *eilig eintretend, zu Cyrano.*

Freund, eine große Menge naht im Sturm,

Geführt von denen, die heut nacht zugegen …

CYRANO *erschrocken.*

Du sagtest, wo ich bin?

Le Bret *sich die Hände reibend.*

Was könnt' es schaden?

EIN BÜRGER *tritt ein, gefolgt von anderen.*

Mein Herr, das ganze Viertel ist wie toll.

Die Straße hat sich dicht mit Menschen gefüllt. Sänften und Wagen halten vor der Tür.

LE BRET *leise zu Cyrano, lächelnd.*
  Du sprachst sie?
CYRANO *heftig.* Schweig!
DIE MENGE *ruft auf der Straße.* Hoch! Hoch!

Ein großer Menschenhaufe stürzt, hochrufend, in den Laden hinein.

RAGUENEAU *ist auf einen Tisch gestiegen.*
  Man stürmt den Laden,
  Und alles wird zerbrochen! Wundervoll!
VIELE *Cyrano umringend.*
  Mein Freund … mein Freund …
CYRANO. Woher denn plötzlich stammen
  Die vielen Freunde?
LE BRET *entzückt.*
  Der Erfolg.
EIN KLEINER MARQUIS *eilt mit ausgestreckten Händen auf Cyrano zu.*
  Du Held …!
CYRANO. Du? Du? Was hüteten wir denn zusammen?
EIN ZWEITER MARQUIS. Ich möchte Sie den Damen dort im Wagen
  Vorstellen …
CYRANO *kalt.*
  Sind Sie selbst mir vorgestellt?
LE BRET *verblüfft.*
  Was hast du?
CYRANO. Schweig!
EIN LITERAT *mit Schreibzeug.*
  Ich darf wohl ein paar Fragen …
CYRANO. Nein.
LE BRET *ihn anstoßend.*
  Das war Renaudot! Der Mann, der neulich
  Die Zeitung hat erfunden.
CYRANO *gleichgültig.* Sehr erfreulich.
LE BRET. Die Blätter, weißt du, die das Neuste bringen.
  Man sagt, daß die Idee viel Zukunft hat.

EIN POET *herzutretend.*

Mein Herr …

CYRANO. Schon wieder einer!

POET. Sie besingen

Möcht' ich …

EIN ZWEITER *herzutretend.*

Mein Herr …

CYRANO. Nun hab ich's aber satt!

Bewegung. Man bildet Spalier. Graf Guiche erscheint mit einem
Gefolge von Offizieren. Cuigy, Brissaille und die Offiziere vom Schluß
des ersten Aktes. Cuigy tritt schnell zu Cyrano.

CUIGY *zu Cyrano.*

Graf Guiche, von Marschall Gassion gesendet!

GUICHE *Cyrano begrüßend.*

… der Ihnen zu dem neusten Heldenstreich

Durch mich den Ausdruck der Bewundrung spendet.

DIE MENGE. Vivat!

CYRANO *sich verneigend.*

Des Marschalls Lob ehrt mich und ihn zugleich.

GUICHE. Er zweifelte, bis diese Herrn ihm laut

Beteuerten …

CUIGY. Daß wir's mitangeschaut.

LE BRET *leise zu Cyrano.*

Du …

CYRANO. Schweig!

LE BRET. Du scheinst zu leiden.

CYRANO *erschrocken, mit Selbstbeherrschung.*

Was?! Vor diesen?

Sein Schnurrbart sträubt sich; er wirft sich in die Brust.

Niemals!

GUICHE *nachdem Cuigy ihm etwas zugeflüstert.*

Sie haben oft schon Mut bewiesen.

Sie dienen wohl in der verrückten Schar

Aus der Gascogne?

EIN KADETT *mit kriegerischer Stimme.*

Ja, bei uns!

GUICHE *die Gascogner, die sich hinter Cyrano aufgestellt haben, betrachtend.* Fürwahr!

Das also sind die hitzigen Gesellen?

CARBON. Cyrano!

CYRANO. Hauptmann?

CARBON. Meine Kompanie

Ist voll versammelt; sei so freundlich, sie

Dem Herren Grafen vorzustellen.

CYRANO *um zwei Schritte sich dem Grafen nähernd.*

Das sind die Gascogner Kadetten;
Ihr Hauptmann ist Castel-Jaloux.
Sie raufen und lügen und wetten;
Das sind die Gascogner Kadetten!
Sie halten zusammen wie Kletten
Und lieben und zürnen im Nu.
Das sind die Gascogner Kadetten;
Ihr Hauptmann ist Castel-Jaloux.

Sie fliehen vor weichlichen Betten
Und sammeln kein Geld in der Truh';
Sie pflegen ihr Haar nicht zu glätten;
Sie fliehen vor weichlichen Betten
Und stopfen in ihren Toiletten
Die Löcher und Risse nicht zu.
Sie fliehen vor weichlichen Betten
Und sammeln kein Geld in der Truh'.

Wenn Teufel zu Gegnern sie hätten,
Ihr Herz fällt nicht in die Schuh';
Sie würden dem Ruhm sich verketten,
Wenn Teufel zu Gegnern sie hätten!
Und gilt es zu kämpfen, zu retten,
Dann kommen sie gerne dazu …
Wenn Teufel zu Gegnern sie hätten,
Ihr Herz fällt nicht in die Schuh'.

Das sind die Gascogner Kadetten;
Sie stören des Ehemanns Ruh'!
Ihr Blonden und auch ihr Brünetten,

Das sind die Gascogner Kadetten!
Euch hilft an verschwiegenen Stätten
Nicht lang euer sprödes Getu'!
Das sind die Gascogner Kadetten;
Sie stören des Ehemanns Ruh'.

GUICHE *nachlässig in einem Sessel sitzend, den Ragueneau ihm schnell gebracht hat.*
In Mode sind die Dichter heut. Wenn Ihnen
Der Dienst bei mir behagt …
CYRANO. Ich will nicht dienen!
GUICHE. Mein Oheim Richelieu war sehr von Ihrem Wesen
Belustigt. Ich empfahl Sie seiner Huld.
LE BRET *geblendet.*
Oh!
GUICHE. Haben Sie kein Trauerspiel im Pult?
LE BRET *Cyrano ins Ohr flüsternd.*
Nun führt man »Agrippina« doch noch auf!
GUICHE. Bringen Sie's ihm!
CYRANO *in Versuchung und sichtlich erfreut.*
Wirklich?
GUICHE. Er wird es lesen,
Vielleicht verbessern; er versteht sich drauf.
CYRANO *dessen Gesicht sich sofort wieder verfinstert hat.*
Unmöglich; denn ich werde wie besessen,
Wenn man nur einen Strich dran ändern will.
GUICHE. Doch wenn ein Vers ihm Beifall abgerungen,
Lohnt er ihn hoch.
CYRANO. Sein Lohn kann sich nicht messen
Mit meiner Selbstbelohnung, wenn ich still
Mir eingestehen darf: es ist gelungen!
GUICHE. Sie sind sehr stolz.
CYRANO. Wird Ihnen das nun klar?
EIN KADETT *tritt ein; an seinem Degen ist eine Anzahl von durchlöcherten, unförmig gewordenen Federhüten aufgespießt.*
Schau nur, Cyrano, was wir fingen heute:
Recht sonderbares Federwild nicht wahr?

Die Hüte der Entwichnen!
CARBON. Fette Beute!

Alle lachen.

CUIGY. Ihr Auftraggeber rast nun sicherlich!
BRISSAILLE. Wer ist es wohl gewesen?
GUICHE. Wer? Nun ich!

Das Lachen hört auf.

Denn einen trunknen Reimschmied frecher Lieder
Kann unsereins nicht eigenhändig strafen.

Peinliches Schweigen.

DER KADETT *halblaut zu Cyrano, auf die Hüte deutend.*
Was soll man damit machen? Ein Ragout?
CYRANO *nimmt ihm den Degen ab und streift, mit einer Verbeugung,*
alle Hüte herab, dem Grafen Guiche vor die Füße.
Da, geben Sie das Ihren Freunden wieder!
GUICHE *steht auf.*
Geschwind! Ruft meinen Sänftenträgern zu!

Zu Cyrano, heftig.

Mein Herr …!
EINE STIMME *auf der Straße, ruft.*
Die Sänftenträger des Herrn Grafen!
GUICHE *sich beherrschend, mit einem Lächeln.*
Haben Sie »Don Quijote« gelesen?
CYRANO. Ja.
Wer mit ihm anband, konnt' ihn stets bereit sehn.
GUICHE. Dann denken Sie …
EIN TRÄGER *an der Eingangstür erscheinend.*
Die Sänfte steht schon da.
GUICHE. An jene Mühlen …
CYRANO *mit Verbeugung.* Im Kapitel dreizehn.
GUICHE. Die, wenn wir nicht Respekt vor ihnen lernen …
CYRANO. Respekt, weil sie sich nach dem Winde drehn?
GUICHE. Mit ihren Flügeln, eh' wir's uns versehn,

In Staub uns schleudern.

CYRANO. Oder zu den Sternen!

Graf Guiche geht ab. Man sieht ihn seine Sänfte besteigen. Seine Kavaliere entfernen sich, untereinander flüsternd. Die Menge folgt ihnen.

Achter Auftritt

Cyrano. Le Bret. Die Kadetten, welche sich rechts und links an die Tische gesetzt haben und frühstücken.

CYRANO *spöttisch zu den Kavalieren, welche ihn beim Hinausgehen nicht zu grüßen wagen.*

Empfehle mich den Herrn …

LE BRET *nach vorn kommend, schlägt verzweifelt die Hände überm Kopf zusammen.*

Das ist zu bunt!

CYRANO. Nun brummst du wieder!

LE BRET. Wenn's dir endlich glückt,

Jagst du Fortuna fort wie einen Hund.

Das ist ja Wahnsinn.

CYRANO. Gut, ich bin verrückt.

LE BRET. Aha!

CYRANO. Doch als Exempel und Prinzip

Erscheint mir dies Verrücktsein sehr vernünftig.

LE BRET. Nur deine tolle Händelsucht vertrieb

Bisher den Ruhm …

CYRANO. Wie soll ich's halten künftig?

Mir einen mächtigen Patron entdecken

Und als gemeines Schlinggewächs dem Schaft,

An dem ich aufwärts will, die Rinde lecken?

Durch List empor mich ranken, nicht durch Kraft?

Nein, niemals! Oder soll ich, wie so viele,

Ein Loblied singen auf gefüllte Taschen,

Soll eines Hofmanns Lächeln mir erhaschen,

Indem ich seinen Narren spiele?

Nein, niemals! Oder soll ich Kröten schlucken,

Auf allen vieren kriechen, gleich dem Vieh,
Durch Rutschen wund mir scheuern meine Knie,
Kreuzschmerzen leiden durch beständ'ges Ducken?
Nein, niemals! Soll ich einem Schäfchen gleichen,
Um selbst mir eins ins Trockene zu bringen?
Soll Honig streun, um Zucker einzustreichen?
Und unermüdlich Weihrauchfässer schwingen?
Niemals! Soll ich als lust'ger Zeitvertreiber
Nach großem Ruhm in kleinem Kreise spähn,
Damit sich von den Seufzern alter Weiber
Des Dichterschiffleins schlaffe Segel blähn?
Niemals! Für meine Verse dem Verleger,
Der sie mir druckt, bezahlen runde Summen?
Niemals! In der Verbrüderung der Dummen
Gefeiert werden als der Bannerträger?
Ein einziges Sonett wie ein Hausierer
Vorzeigen, statt noch andre zu verfassen?
Niemand talentvoll nennen als die Schmierer?
Vor jedem Literatenklatsch erblassen
Und eifrig forschen: Werd ich anerkannt?
Hat der und jener lobend mich genannt?
Niemals! Stets rechnen, stets Besorgnis zeigen,
Lieber Besuche machen als Gedichte,
Bittschriften schreiben, Hintertreppen steigen?
Nein, niemals, niemals, niemals! Doch im Lichte
Der Freiheit schwärmen, durch die Wälder laufen,
Mit fester Stimme, klarem Falkenblick,
Den Schlapphut übermütig im Genick,
Und je nach Laune reimen oder raufen!
Nur singen, wenn Gesang im Herzen wohnt,
Nicht achtend Geld und Ruhm, mit flottem Schwunge
Arbeiten an der Reise nach dem Mond
Und insgeheim sich sagen: Lieber Junge,
Freu dich an Blumen, Früchten, selbst an Blättern,
Die du von deinem eignen Beet gepflückt!
Wenn dann vielleicht bescheidner Sieg dir glückt,
Dann mußt du nicht ihn teilen mit den Vettern;
Dann darfst du König sein in deinem Reiche,

Statt zu schmarotzen, und dein Schicksal sei,
Wenn du der Buche nachstehst und der Eiche,
Nicht hoch zu wachsen, aber schlank und frei.
LE BRET. Frei; doch warum nicht friedlich? Wüßt' ich nur,
Wodurch der Teufelstrieb ins Herz dir fuhr,
Alltäglich, stündlich Feinde dir zu machen!
CYRANO. Weil ich mit ansah, was euch Freunde gelten
Und wie ihr sie verhöhnt mit einem Lachen,
Das falsch und fratzenhaft sich selbst verneint!
Man soll mich herzlich grüßen, aber selten;
Drum ruf ich froh: Gottlob, ein neuer Feind!
LE BRET. Törichter Trotz!
CYRANO. Ja, dies ist meine Schwäche.
Gehaßtsein ist mein Glück. Ich will mißfallen!
Mich freut's, wenn in ein Wespennest ich steche,
Wenn rings aus Feindesaugen Pfeile prallen!
Stolz merk ich an den Flecken meines Kleides
Der Feigheit Geifer und die Gischt des Neides!
All eurer Freundschaft süßliches Gekos'
Gleicht jenen italien'schen Spitzenkragen,
Durch die der Hals verweichlicht. Sie zu tragen,
Ist zwar bequem, doch macht es würdelos;
Denn schlotternd ohne Zwang und Stütze fällt
Das Haupt nach vorn. Ich aber bin geborgen:
Der Haß, mein Duzfreund, stärkt mir jeden Morgen
Die Krause, die den Nacken steif erhält,
Und Feindschaft schnürt und zwängt ohn' Unterlaß,
Bis schwerer ich und stolzer Atem hole:
Der spanischen Krause gleichend, ist der Haß
Ein Schraubenstock und eine Gloriole.
LE BRET *nach einer Pause, den Arm unter den Cyranos schiebend.*
Ruf laut, welch bittrer Stolz dein Herz umgibt;
Doch leis gesteh mir, daß sie dich nicht liebt.
CYRANO *heftig.*
Schweig!

Christian ist inzwischen eingetreten und hat sich unter die Kadetten gemischt. Diese ignorieren ihn vollständig. Er hat sich schließlich allein an einen kleinen Tisch gesetzt, wo Lise ihn bedient.

Neunter Auftritt

Cyrano. Le Bret. Die Kadetten. Christian de Neuvillette.

EIN KADETT *der im Hintergrund sitzt, das Glas in der Hand.* He, Cyrano!

Cyrano wendet sich um.

Gib uns nun Bericht!
CYRANO. Sogleich.

Er geht Arm in Arm mit Le Bret nach hinten, leise mit ihm sprechend.

DER KADETT *sich erhebend und nach vorn kommend.*
Das wird ein treffliches Lektiönchen *er bleibt vor Christians Tisch stehen*
Für dieses Muttersöhnchen.
CHRISTIAN *aufblickend.*
Muttersöhnchen?
EIN ANDERER KADETT. Für den uns Aufgedrängten!
CHRISTIAN. Aufgedrängten?
ERSTER KADETT *übermütig, zu Christian.*
Vernehmen Sie, daß ein Objekt vorhanden,
Von welchem man bei uns so wenig spricht
Wie von dem Strick im Hause des Gehängten!
CHRISTIAN. Was ist das?
EIN ANDERER KADETT *mit rauher Stimme.*
Schauen Sie mich an!

Er legt dreimal geheimnisvoll den Finger auf die Nase.

Verstanden?
CHRISTIAN. Ach so, die …
EIN ANDERER. Still! Dies Wort wird nie gesprochen!

Sonst flammt er auf in fürchterlichem Grimme.

EIN ANDERER *der, während Christian sich den Sprechern zugewandt, sich leise hinter seinem Rücken an den Tisch gesetzt hat.*

Zwei Näsler hat er neulich erst durchstochen,
Nur wegen ihrer zu nasalen Stimme.

EIN ANDERER *mit Grabeston, unter dem Tisch auftauchend, wo er sich auf allen vieren verkrochen hat.*

Den allerkleinsten Sticheleiversuch
Zahlt man sofort mit seines Lebens Reste.

EIN ANDERER *Christian die Hand auf die Schulter legend.*

Ein Wort genügt. Was sag ich? Eine Geste!
Wer nur sein Schnupftuch zieht, der zieht sein Leichentuch.

Pause. Alle Kadetten umringen ihn, mit gekreuzten Armen, und sehen ihn an. Er steht auf und geht zu Carbon, der, mit einem Offizier plaudernd, sich nichts wissend gemacht hat.

CHRISTIAN. Herr Hauptmann!

CARBON *dreht sich um.* Ja?

CHRISTIAN. Was tut man, wenn zu dreist
Die Südfranzosen prahlen?

CARBON. Man beweist,
Daß auch der Norden tapfre Söhne hat.

Er wendet ihm den Rücken.

CHRISTIAN. Dank!

ERSTER KADETT *zu Cyrano.*

Nun erzähl!

ALLE. Erzähle!

CYRANO *nach vorn kommend.* Meinetwegen.

Alle rücken ihre Stühle heran und gruppieren sich gespannt um ihn. Christian hat sich rittlings auf einen Stuhl gesetzt.

Ich ging allein voraus, dem Schwarm entgegen.
Der Mond glich einem großen Zifferblatt;
Doch ein besorgter Uhrenmacher hüllte
Ganz plötzlich in ein Wolkenfutteral

Die Silberuhr, so daß mit einemmal
Pechschwarze Finsternis die Nacht erfüllte.
Ich späht' umsonst nach eines Lichts Oase:
Mordius! Kaum sah man noch …
CHRISTIAN. Die eigne Nase.

Schweigen. Alle stehen langsam auf und blicken entsetzt auf Cyrano.
Dieser hat sich verdutzt unterbrochen.

CYRANO *nach einer Pause.*
Wer ist der Mensch?
EIN KADETT *halblaut.* Ward heut erst eingeschrieben.
CYRANO *macht einen Schritt auf Christian zu.*
Erst heut?
CARBON. Er heißt Christian von Neuvill …
CYRANO *stehen bleibend, schnell.* Ah!
Gut! *Er wird bleich und rot, macht abermals Miene, sich auf Christian*
zu stürzen. Ich …

Er bezwingt sich, dann mit dumpfer Stimme.

Sehr gut! Wo war ich stehngeblieben?

Mit einem Wutausbruch.

Mordius! *Im Ton der Erzählung fortfahrend.*
Ich sagte, daß man nichts mehr sah.

Allgemeine Verblüffung. Die Kadetten setzen sich wieder, Blicke
wechselnd.

Wohl wußt' ich: Wenn des armen Schelmen Sache
Ich gegen einen Mächtigen verfechte,
Dann blüht mir …
CHRISTIAN. Eine Nase.

Alle stehen wieder auf. Christian schaukelt sich auf seinem Stuhl.

CYRANO *mit erstickter Stimme.*
… Seine Rache.
Drum sagt' ich mir im Gehn: Mit welchem Rechte
Steckst du …
CHRISTIAN. Die Nase.

CYRANO. Deine Hand dazwischen?
Der Mächtige wird dir aus Zorn darüber
Eins …
CHRISTIAN. Auf die Nase …
CYRANO *sich den Schweiß von der Stirne wischend.*
Auf die Finger geben.
Schnell aber wußt' ich neu mich aufzufrischen:
Vorwärts, Gascogner! Pflicht allein ist Leben!
Da spür' ich jählings …
CHRISTIAN. Einen Nasenstüber.
CYRANO. Die ganze Räuberbande …
CHRISTIAN. Nas' an Nase …
CYRANO *wutschäumend auf ihn los.*
Schockschwerenot!

Alle Kadetten stürzen nach vorn, um zuzusehen; dicht bei Christian
angelangt, beherrscht er sich und fährt fort.

Die schon auf zwanzig Schuh'
Nach Zwiebeln stank; ich hielt …
CHRISTIAN. Die Nase zu …
CYRANO *bleich und lächelnd.*
Den Degen hoch …
CHRISTIAN. Der Nase nach …
CYRANO. Und blase
Dreien das Licht aus. Einer fällt aufs Knie,
Schaut jammervoll mich an und ruft …
CHRISTIAN *mit nachgeahmtem Niesen.* Hatschie!
CYRANO *ausbrechend.*
Donner …! Geht all' hinaus!

Alle Kadetten eilen zu den Türen.

ERSTER KADETT. Des Leu'n Erwachen!
CYRANO. Ich will allein sein mit dem Mann!
ZWEITER KADETT. Ich wette,
Jetzt wird er aus dem Jüngling Hackfleisch machen.
RAGUENEAU. Hackfleisch?
EIN ANDERER KADETT. Ja, für Pasteten!

RAGUENEAU. Ach, vor Zittern
  Werd ich so blaß wie eine Serviette!
CARBON. Kommt!
EIN ANDERER. Alle Knochen wird er ihm zersplittern!
EIN ANDERER. Was jetzt hier vorgehn wird, das ist kein Scherz!
EIN ANDERER *die Türe rechts hinter sich schließend.*
  Etwas Entsetzliches!

Alle sind teils durch die Mitteltür, teils nach den Seiten, teils über
die Treppe abgegangen. Cyrano und Christian stehen sich gegenüber
und schauen sich einen Augenblick schweigend an.

Zehnter Auftritt

Cyrano. Christian.

CYRANO. Komm an mein Herz!
CHRISTIAN. Herr …
CYRANO. Bravo!
CHRISTIAN. Doch …
CYRANO. Du zeigtest Mut, potz Wetter!
CHRISTIAN. Was heißt das?
CYRANO. Komm! Ich bin ihr Bruder.
CHRISTIAN. Wie?
CYRANO. Ihr Bruder.
CHRISTIAN. Was?
CYRANO. Roxanens Bruder!
CHRISTIAN *auf ihn zueilend.* Sie?!
  Sie sind …
CYRANO. Nun denn, ihr brüderlicher Vetter.
CHRISTIAN. Sie wissen …?
CYRANO. Alles!
CHRISTIAN. Liebt sie mich?
CYRANO. Kann sein.
CHRISTIAN *seine Hände ergreifend.*
  Wahrlich, mein Herr, Sie sind mein guter Engel!
CYRANO. Nun, dies Gefühl stellt sich recht plötzlich ein.
CHRISTIAN. Verzeihn Sie mir …

CYRANO *ihn betrachtend und ihm die Hand auf die Schulter legend.*
Hübsch ist er schon, der Bengel!

CHRISTIAN. Ach, wüßten Sie, wie hoch ich Sie verehre!

CYRANO. Und all die Nasen …

CHRISTIAN. Nehm ich all' zurück.

CYRANO. Du sollst ihr schreiben …

CHRISTIAN. Wehe mir!

CYRANO. Erkläre …

CHRISTIAN. Schreiben! Dann ist's vorbei mit meinem Glück.

CYRANO. Weshalb?

CHRISTIAN. Weil ich ein arger Dummkopf bin.

CYRANO. Wärst du's, dann hieltest du dich nicht dafür.
Schlagfert'gen Geist bewiesest du vorhin.

CHRISTIAN. Ach, um den Feind zu treffen nach Gebühr,
Reicht's wohl noch aus. Doch als ein blöder Wicht
Verstumm ich vor den Frauen. Zwar, ich sehe
Viel Huld in ihrem Blick, wenn ich vorübergehe …

CYRANO. Und wenn du bleibst, in ihren Herzen nicht?

CHRISTIAN. Ich konnte nie so sehr ich mich gequält
Schön über Liebe sprechen.

CYRANO. Traun!
Wär' ich von außen schöner anzuschaun,
Am Sprechen hätt' es nicht bei mir gefehlt.

CHRISTIAN. Ach, auf den zarten Ausdruck sich verstehn!

CYRANO. Ach, siegen können im Vorübergehn.

CHRISTIAN. Sie zählt zu den Preziösen; sie wird bald
Von mir enttäuscht sein!

CYRANO *ihn betrachtend.* Könnt' ich meine Gaben
Einkleiden in so lockende Gestalt!

CHRISTIAN *verzweifelt.*
O hätt' ich Redekunst!

CYRANO *entschlossen.* Du sollst sie haben!
Leih du mir deine Schönheit zum Entgelt!
Zu zweit sind wir ein ganzer Liebesheld.

CHRISTIAN. Wie?

CYRANO. Nachzusprechen wird dir wohl gelingen,
Was ich dir vorgesagt?

CHRISTIAN. Ja, wenn ich ahne …

CYRANO. So vor Enttäuschung schützest du Roxane.
  Willst du, daß wir gemeinsam sie erringen,
  Indem, aus meinem Büffelwams gehaucht,
  Mein Geist in deine Seidenjacke taucht?
CHRISTIAN. Cyrano …!
CYRANO. Christian?
CHRISTIAN. Mir ist bang zumut!
CYRANO. Um rasch zu stürmen ihres Herzens Pforte,
  Willst du mit deiner Lippen Glut
  In eins verschmelzen meine glüh'nden Worte?
CHRISTIAN. Dein Auge glänzt!
CYRANO. Willst du?
CHRISTIAN. Das würde dir
  Vergnügen machen?
CYRANO *berauscht*. Mir? *Sich beherrschend.*
  Nun, uns Poeten
  Verlockt zu manchem Spiel die Wißbegier.
  Als Schatten will ich dir zur Seite treten:
  So spenden wir einander Kraft und Halt;
  Ich bin dein Geist, du meine Wohlgestalt.
CHRISTIAN. Doch eines Briefes ist sie nun gewärtig!
  Nie werd ich fähig sein …
CYRANO *zieht aus seinem Wams den früher geschriebenen Brief.* Hier
  ist er schon!
CHRISTIAN. Wie?
CYRANO. Bis auf die Adresse fix und fertig.
CHRISTIAN. Ich …
CYRANO. Schick ihn ab; er hat den rechten Ton.
CHRISTIAN. Du hast …
CYRANO. Wir haben stets in unsern Taschen
  Briefchen an eine Chloris … unsres Traums,
  An ein Gebilde wesenlosen Schaums,
  Wonach wir wie nach einem Spielzeug haschen.
  Nimm und verleih dem Luftbild feste Züge;
  Gib diesen Ausgeburten holder Lüge
  Irdischen Wohnsitz und ein wahres Ziel.
  Nimm! Du wirst zugestehn, wenn du gelesen,
  Daß Redekunst mir eignet auch im Spiel.

So nimm doch!

CHRISTIAN. Da du blindlings ihn verfaßt,
  Muß man nichts ändern? Wird er auf ihr Wesen
  Auch völlig passen?

CYRANO. Wie ein Handschuh paßt!

CHRISTIAN. Jedoch …

CYRANO. Leichtgläubig sind wir, wenn wir lieben:
  Sie schwört darauf, er sei für sie geschrieben!

CHRISTIAN. Mein Freund!

Er stürzt ihm in die Arme; sie halten sich umschlungen.

Elfter Auftritt

Vorige. Die Kadetten. Carbon. Der Musketier. Lise.

EIN KADETT *die Tür halb öffnend.*
  Es ist schon totenstill geworden …
  Kaum wag ich …

Er streckt den Kopf heraus.

Was?!

ALLE KADETTEN *kommen herein und sehen die beiden in ihrer Umarmung.* Ah! Oh!

EIN KADETT. Die Hölle kracht!

Allgemeinste Verblüffung.

DER MUSKETIER *spöttisch.*
  Hoho!

CARBON. Trat er in einen Büßerorden?
  Wer ihn aufs eine Nasloch schlägt, dem reicht er
  Das andre hin.

MUSKETIER. Er duldet's, wenn man spricht
  Von seiner Nase?

Lise herbeirufend, mit triumphierender Miene.

Ha! nun gib mal acht!

Er zieht demonstrativ Luft ein.

Hm! … Dieser Duft … *Sich zu Cyrano wendend.*
Mein Herr, Sie haben's leichter.
Nach was denn riecht's hier?
CYRANO *ihn ohrfeigend.* Nach Vergißmeinnicht!

Die Kadetten schlagen aus Freude darüber, daß sie ihren Cyrano
wiedererkennen, Purzelbäume.

Dritter Aufzug

Der Kuß Roxanens

Ein kleiner Platz im Marais (einem alten Pariser Stadtviertel). Altertümliche Häuser; Ausblick in mehrere Gassen.

Rechts das Haus Roxanens und die Mauer ihres Gartens, über welche dichtes Laubwerk nach vorn überhängt; über der Tür ein Fenster mit Balkon; neben der Tür eine Bank.

Efeu überspinnt die Mauer; Jasmin umrankt den Balkon. Über die Bank und die vorspringenden Steine der Mauer ist der Balkon leicht zu erklettern.

Gegenüber ein altes Haus von gleicher Bauart, Stein und Ziegel, mit einer Eingangstür. Der Türklopfer ist in Leinwand eingewickelt wie ein kranker Daumen.

Beim Aufgehen des Vorhangs sitzt die Duenna auf der Bank. Das Balkonfenster steht weit offen.

Vor der Duenna steht Ragueneau, in eine Art von Livree gekleidet. Er beendet, sich die Augen wischend, eine Erzählung.

Erster Auftritt

Ragueneau. Die Duenna. Dann Roxane, Cyrano und zwei Pagen.

RAGUENEAU. ... Sie lief davon mit einem Musketier!
  Ich hing mich auf, von Leid und Not bedrängt;
  Doch Herr Cyrano hat mich wieder abgehängt
  Und machte mich zum Haushofmeister hier.
DUENNA. Wie sind Sie denn in solche Not geraten?
RAGUENEAU. Ich war den Dichtern hold, sie den Soldaten!
  Mars aß die Kuchen, die Apoll verschonte:
  Kein Wunder, wenn sich das Geschäft nicht lohnte!
DUENNA *erhebt sich und ruft nach dem offenen Fenster hin.* Roxane,
  noch nicht fertig?
STIMME ROXANENS *von oben.* Ja, sofort!
DUENNA *zeigt Ragueneau das Haus gegenüber.*
  Clomire nämlich lud uns ein. Sie hat
  Empfangstag heut in ihrem Hause dort.
  Ein Vortrag über Minne findet statt.
RAGUENEAU. Minne?
DUENNA *verschämt.*
  Ja! ... *Nach dem Fenster rufend.* Schnell!
  Damit uns nicht entrinne
  Der Anfang von dem Vortrag über Minne!
STIMME ROXANENS. Gleich!

  Man hört eine sich nähernde Musik von Saiteninstrumenten.

STIMME CYRANOS *hinter der Szene singend.*
  La! La! La!
DUENNA *überrascht.* Musik?
CYRANO *kommt, gefolgt von zwei Pagen, welche Theorbe spielen.*
  Falsch der Akkord!
  Fis! Fis! Nicht f, du Äffchen!
ERSTER PAGE *ironisch.* Zählen Sie
  Vielleicht gar selber zu den Virtuosen?
CYRANO. Meinst du, daß ich umsonst bei Gassendi
  Musik studiert?

DER PAGE *spielend und singend.*

La! La!

CYRANO *entreißt ihm die Theorbe und nimmt die Melodie auf.*

Gib her! Ich fahre fort …

La! La.

ROXANE *auf dem Balkon erscheinend.*

Sie sind's!

CYRANO *in der Melodie weiter singend.*

Und meiner Grüße Schar

Neigt sich vor Ihren Lilien und Ro...sen.

ROXANE. Ich komm hinab!

Sie verläßt den Balkon.

DUENNA *auf die Pagen deutend.*

Was für ein Künstlerpaar!

CYRANO. Ein Wettgewinst. Ein Freund und ich, wir stritten

Grammatikalisch über eine Regel …

Da plötzlich zeigt er mir die beiden Flegel,

Die klimpertatzig ihm auf allen Schritten

Nachlaufen müssen, und ruft laut: »Ich wette

Um einen Tag Musik!« Topp! Er verlor,

Und bis Gott Phöbus wieder steigt empor,

Schlepp ich die zwei samt ihrem Lautenspiel

Am Beine nach als melodiöse Kette.

Zuerst war's hübsch; nun wird's mir schon zuviel.

Zu den Pagen.

He! Gebt in meinem Namen ein Konzert

Vorm Hause Montfleurys!

Die Pagen gehen nach dem Hintergrund. Zur Duenna.

Ich möcht' erkunden,

Ob immer noch Roxane …

Zu den abgehenden Pagen.

Kratzt und plärrt!

Zur Duenna.

... an ihrem Liebsten keinen Fehl gefunden.

ROXANE *tritt aus dem Hause.*

Ach, er ist schön und geistvoll und geliebt.

CYRANO *lächelnd.*

Hat er viel Geist?

ROXANE. Mehr, als Sie selber haben!

CYRANO. Natürlich.

ROXANE. Ja, die Welt hat keinen zweiten,

Der jedes Nichts mit solchem Glanz umgibt!

Manchmal verbirgt er stockend seine Gaben;

Dann aber spricht er wieder Kostbarkeiten!

CYRANO *ungläubig.*

Ach nein!

ROXANE *ärgerlich.*

Euch Männern gilt das für erledigt:

Der Schönheit müss' es stets an Geist gebrechen!

CYRANO. Kann er denn geistreich von der Liebe sprechen?

ROXANE. Er von ihr sprechen! Mehr als das: er predigt!

CYRANO. Schreibt er?

ROXANE. Und wie! Zum Beispiel:

Sie deklamiert:

»Ganz in eines

Verschmelzen sich zwei Herzen.«

Triumphierend. Nun?

CYRANO *geringschätzig.* Recht gut!

ROXANE. Sodann: »Du stahlest mir ein Herz voll Glut,

Und zum Ersatze nun verlang ich deines.«

CYRANO. Bald *eins*, bald zwei hat er sich ausgebeten.

Wie viele Herzen will er nun?

ROXANE. O schmählich!

Das ist die Eifersucht …

CYRANO *zitternd.* Wie?

ROXANE. Des Poeten!

Und klingt nicht folgendes unwiderstehlich?

»Mein Mut zerschellt an deines Reizes Klippen;

Doch gäb' es Küsse, die man nur geschrieben,

Du läsest meine Briefe mit den Lippen!«

CYRANO *vor Befriedigung unwillkürlich lächelnd.*
   Hm! Diese Wendung ist … *sich beherrschend, geringschätzig*
   recht übertrieben.
ROXANE. Und ferner …
CYRANO *entzückt.* Können Sie denn jede Zeile
   Auswendig?
ROXANE. Jede!
CYRANO. Weit hat er's gebracht!
ROXANE. Er ist ein Meister!
CYRANO *bescheiden abwehrend.*
   Oh!
ROXANE *mit Entschiedenheit.*
   Ein Meister!
CYRANO. Abgemacht!
DUENNA *die nach dem Hintergrund gegangen war, kommt schnell nach
   vorn.*
   Graf Guiche!

         Zu Cyrano, ihn nach dem Hause zu drängend.

   Ich bitte, gehn Sie mittlerweile
   Ins Haus hinein. Er soll Sie nicht erblicken;
   Sonst könnt' er wittern …
ROXANE *zu Cyrano.* Was geheim ich hüte.
   Er liebt mich und hat Macht genug, die Blüte,
   Die mich beglückt, mit rauher Hand zu knicken.
CYRANO *ins Haus gehend.*
   Gut!

Zweiter Auftritt

         Roxane. Guiche. Duenna (im Hintergrund).

ROXANE *zu Guiche, mit einem Knicks.*
   Ausgehn wollt' ich grad …
GUICHE. Und ich will Abschied nehmen.
ROXANE. Sie reisen?
GUICHE. In den Krieg.

ROXANE. Ah!

GUICHE. Heut noch.

ROXANE. Oh!

GUICHE. Ja, zur Belagerung von Arras.

ROXANE. So?

GUICHE. Dies Lebewohl scheint Sie nicht sehr zu grämen.

ROXANE. Doch!

GUICHE. Mir wird's schwer, so lange Sie zu missen.
   Man hat zum Oberst mich ernannt; Sie wissen?

ROXANE *gleichgültig.*
   Bravo!

GUICHE. Vom Gardecorps.

ROXANE *betroffen.* Vom Gardecorps?

GUICHE. In dem Ihr Vetter dient. Ich will gebührlich
   Vergelten seinen beißenden Humor!

ROXANE *angstvoll.*
   Die Garden müssen mit ins Feld?

GUICHE *lachend.* Natürlich.

ROXANE *auf die Bank sinkend, für sich.*
   Christian!

GUICHE. Was haben Sie?

ROXANE. Mein Herz wird brechen! …
   Im Krieg zu wissen, wen's am liebsten mag!

GUICHE *freudig überrascht.*
   Das erste holde Wort am Trennungstag!

ROXANE *in anderem Ton, sich fächelnd.*
   Sie wollen sich an meinem Vetter rächen?

GUICHE *lächelnd.*
   Sind Sie für ihn?

ROXANE. Im Gegenteil!

GUICHE. Sie sehen
   Ihn oft?

ROXANE. Sehr selten.

GUICHE. Meist mit ihm zu gehen
   Pflegt dieser … *er sucht nach dem Namen*
   Neu …

ROXANE. Der lange junge Mann?

GUICHE. Blond!

ROXANE. Rot!
GUICHE. Hübsch!
ROXANE. Pah!
GUICHE. Doch dumm.
ROXANE. Man sieht's ihm an.

In anderem Ton.

Wenn Sie jedoch Cyrano der Gefahr
Aussetzen, die er liebt heißt das an Rache denken?
Ich wüßte, was ihn tödlich würde kränken.
GUICHE. Nun?
ROXANE. Wenn zurückgelassen in Paris
Samt seiner teueren Kadettenschar
Dem Krieg er müßig zusieht. Ja, nur dies
Verwundet ihn; nur wer im sichern Hafen
Ihn vor dem Sturm behütet, kann ihn strafen.
GUICHE. O Weiber! Niemand kommt in diesem Fache
Euch gleich!
ROXANE. Das würd' ihn martern bis aufs Blut,
Ihn und die Freunde; das wär' eine Rache!
GUICHE *sich ihr nähernd.*
Sind Sie mir in der Tat ein wenig gut?

Sie lächelt.

Der Beistand, den Sie meinem Haß verliehn,
Ist ein Beweis von Neigung.
ROXANE. Ohne Frage.
GUICHE *mehrere versiegelte Schriftstücke hervorziehend.*
Der Marschbefehl, den ich hier bei mir trage,
Gelangt sogleich an alle Kompanien.

Er sondert ein Schriftstück ab.

Nur der für die Kadetten …

Es in die Tasche steckend

bleibt zurück.

Lachend.

Haha! Das wird ihn von der Prahlsucht heilen!
Sie foppen wohl die Leute gern?
ROXANE. Zuweilen.
GUICHE *ihr ganz nahe tretend.*
Es macht mich toll! Heut, wo das höchste Glück
Mir endlich winkt heut muß ich Sie verlassen!
O hören Sie! Dort liegt, nur ein paar Gassen
Entfernt, ein Kloster frommer Kapuziner.
Kein Laie dringt in ihre Einsamkeit.
Mich aber lassen wohl die Gottesdiener
In ihren Ärmel schlüpfen: er ist weit.
Da sie den Dienst bei Richelieu besorgen,
Erzittern sie vor seines Neffen Macht.
Man glaubt mich abgereist; in Maskentracht
Kehr ich zurück und bleibe noch bis morgen!
ROXANE. Wenn man's erfährt Ihr Name …
GUICHE. Pah!
ROXANE. Die Pflicht …
GUICHE. Gestatten Sie …?
ROXANE. Nein.
GUICHE. Du gestattest nicht?
ROXANE. Sie sollen reisen!
GUICHE. Doch …
ROXANE *für sich.* Christian bleibt da!
  Laut. Sei'n Sie ein Held Antoine!
GUICHE. Dies Wort belebt!
  Sie lieben …
ROXANE. Ihn, für den ich so gebebt.
GUICHE *entzückt.*
  Ich reise! *Ihr die Hand küssend.* Sind Sie nun zufrieden?
ROXANE *zärtlich.* Ja!

Guiche geht ab.

DUENNA *Roxane nachahmend, macht ihm hinter seinem Rücken einen komischen Knicks.*
  Ja!

ROXANE *zu Duenna.*
  Sag Cyrano nichts! Er würde grollen,
  Weil ich ihm seinen lieben Krieg geraubt.

> *Sie ruft ins Haus.*

Vetter!

Dritter Auftritt

Roxane. Duenna. Cyrano.

ROXANE *nach der Tür gegenüber zeigend.*
  Clomire wartet längst. Wir wollen
  Den Vortrag hören.
DUENNA *besorgt.* Wenn's nicht überhaupt
  Zu spät ist!
CYRANO *zu Roxane.* Meinen Gruß dem Narrenhause!

Roxane und Duenna sind an Clomirens Haustür angelangt.

DUENNA *begeistert.*
  Mit Leinwand zugewickelt ist der Klopfer!
  Zum Türklopfer. Damit du nicht das zarte Musenopfer
  Mit deinem plumpen Lärme störst Banause!

Sie hebt ihn mit größter Behutsamkeit auf und klopft ganz zart.

ROXANE *auf der Schwelle der geöffneten Tür, zu Cyrano.*
  Christian soll warten, wenn er kommt!
CYRANO *während sie hineingehen will, rasch.*
  Hm, ich …

Sie dreht sich um.

  Worüber soll sich heut sein Redeschwung
  Verbreiten?
ROXANE. Über …
CYRANO *eifrig.* Über?
ROXANE. Doch Sie schweigen!
CYRANO. Oh, wie das Grab!

ROXANE. Ich werd ihm sagen: Sprich
  Von Liebe, feurig, voll Begeisterung,
  Mit allem Glanz und Zauber, der dir eigen!
CYRANO *lächelnd.*
  Schön!
ROXANE. Doch kein Wort!

Sie schließt die Tür hinter sich.

CYRANO *ihr eine Verbeugung nachsendend.* So recht!
ROXANE *noch einmal den Kopf herausstreckend.*
  Denn er bereitet
  Sich sonst drauf vor.
CYRANO. I Gott bewahr'!
BEIDE *gleichzeitig.* Kein Wort!

Sie schließt die Tür.

CYRANO *ruft.*
  Christian!

Vierter Auftritt

Cyrano. Christian.

CYRANO. Schon hab ich alles eingeleitet.
  Du wirst heut prangen! Schau nicht brummig drein!
  Schärf dein Gedächtnis und komm schnell mit fort
  Zu deinem Haus! Ich will dich lehren …
CHRISTIAN. Nein!
CYRANO. Wie?
CHRISTIAN. Hier erwart ich sie.
CYRANO. Mensch, rasest du?
  Komm mit und lerne …
CHRISTIAN. Nein, ich hab es satt,
  Mit stetem Zittern jedes Wort und Blatt
  Dir nachzukäu'n! Im Anfang gab ich's zu.
  Doch nun ich weiß, daß ich ihr Herz gewann,
  Will ich getrost auf eignen Füßen stehn.

CYRANO. O weh!

CHRISTIAN. Bezweifelst du, daß ich es kann?

Ich bin nicht gar so dumm! Du wirst schon sehn.

In deiner guten Schule ward ich klug,

Und wenn ich redend nicht den Sieg gewinne,

Ei, schließlich ist mein Kuß beredt genug!

Er bemerkt Roxane, die aus Clomirens Hause tritt.

Sie kommt! Geh nicht, Cyrano! Weile noch!

CYRANO. Sprich nur allein!

Er verschwindet hinter der Gartenmauer.

Fünfter Auftritt

Christian. Roxane. Duenna.

ROXANE *verabschiedet sich von einer Gesellschaft, welche mit ihr Clomirens Haus verlassen hat, unter umständlichen Komplimenten.*

Lebt wohl!

DUENNA *trostlos.* Nun also doch

Versäumten wir den Vortrag über Minne!

Sie geht in Roxanens Haus.

ROXANE *immer noch Abschied nehmend.*

Lebt wohl!

Alle verneigen sich vor Roxane, dann abermals voreinander, trennen sich und entfernen sich durch verschiedene Straßen. Roxane sieht Christian.

Christian! *Sie geht zu ihm.* Es dunkelt. Einsam ruhn

Die Straßen. Kommen Sie! Wo sind wir stehngeblieben?

CHRISTIAN *setzt sich neben sie auf die Bank; nach einer kleinen Pause.*

Ich liebe Sie.

ROXANE *die Augen schließend.*

Ja, sprechen Sie vom Lieben!

CHRISTIAN. Ich liebe dich.

ROXANE. Dies ist das Thema; nun
  Verzieren Sie's!
CHRISTIAN. Ich liebe dich so heiß …
ROXANE. Ja. Weiter!
CHRISTIAN. Weiter … Ach, wenn ich nur weiß,
  Ob Sie mich lieben! Liebst du mich, Roxane?
ROXANE *die Nase rümpfend.*
  Sie bieten saure Milch, und ich will Sahne.
  Erklären Sie, wie Sie mich lieben!
CHRISTIAN. Sehr.
ROXANE. In welcher Art?
CHRISTIAN. Mehr als ich sagen kann!
ROXANE. Christian!
CHRISTIAN. Ich liebe dich!
ROXANE *will aufstehen.* Das sagten Sie vorher.
CHRISTIAN *sie lebhaft zurückhaltend.*
  Nein, nein, ich liebe nicht!
ROXANE *setzt sich wieder.* Ach?
CHRISTIAN. Denn ich bete an!
ROXANE *steht auf und entfernt sich von ihm.*
  Oh!
CHRISTIAN. Den Verstand verlier ich!
ROXANE. Leider ja,
  Und Unverstand macht selbst die Schönheit häßlich.
CHRISTIAN. Indes …
ROXANE. Für heute scheint Ihr Geist entflohn.
CHRISTIAN. Ich …
ROXANE. Ja, Sie lieben mich. Gut Nacht.

Sie geht auf das Haus zu.

CHRISTIAN. Bleib da!
  Vernimm …
ROXANE *die Haustür öffnend.*
  Sie beten an; das weiß ich schon.
  Gehn Sie!
CHRISTIAN. Doch …

Sie schließt ihm vor der Nase die Tür.

CYRANO *der einen Augenblick zuvor unbemerkt wieder eingetreten ist.*
Der Erfolg ist unermeßlich!

Sechster Auftritt

Christian. Cyrano. Später die Pagen.

CHRISTIAN. O hilf mir!
CYRANO. Nein!
CHRISTIAN. Ich muß um jeden Preis
Sie gleich versöhnen!
CYRANO. Gleich? Um Himmels willen!
Vermöcht' ich denn so schnell dich einzudrillen?
CHRISTIAN *ihn beim Arm packend.*
Schau dort!

Hinter dem Balkonfenster ist Licht angezündet worden.

CYRANO *bewegt.*
Ihr Fenster.
CHRISTIAN. Ich muß sterben ...
CYRANO. Leise!
CHRISTIAN *ganz leise.*
Sterben!
CYRANO. Die Dunkelheit! ...
CHRISTIAN. Nun?
CYRANO. So wird's gehn!
Du Schelm verdienst zwar nicht ... Stell dich hier hin!
Ich will
Dort, unter dem Balkon, verborgen stehn
Und dir soufflieren!
CHRISTIAN. Aber wenn ...
CYRANO. Sei still!
DIE PAGEN *im Hintergrund erscheinend, zu Cyrano.*
He!
CYRANO *macht ihnen ein Zeichen, daß sie leise sprechen sollen.* Pst!
ERSTER PAGE *halblaut.*
Wir brachten Montfleury das Ständchen.

CYRANO *schnell und leise.*

Verteilt euch an die beiden Straßenendchen.

Paßt auf, und naht sich jemand, zeigt es an

Mit einem Tonstück!

ZWEITER PAGE. Welches Tonstück soll

Das sein, Herr Virtuose?

CYRANO. Kommt ein Mann,

Dann spielt in Dur, und kommt ein Weib, in Moll.

Die Pagen gehen nach entgegengesetzten Richtungen ab.

Ruf sie!

CHRISTIAN. Roxane!

CYRANO *liest Kiesel auf und wirft sie gegen das Fenster.*

Steinchen, an die Scheibe!

ROXANE *das Fenster halb öffnend.*

Wer ruft?

CHRISTIAN. Ich!

ROXANE. Wer?

CHRISTIAN. Ich, Christian, bin's.

ROXANE *geringschätzig.* Ach, der!

CHRISTIAN. Ich muß Sie sprechen.

CYRANO *unter dem Balkon zu Christian.*

Gut. Mehr Flüsterton.

ROXANE. Sie sprechen mir zu schlecht. Gehn Sie nach Haus!

CHRISTIAN. Ich bleibe!

ROXANE. Sie lieben mich nicht mehr!

CHRISTIAN *welchem Cyrano soufliert.*

Nicht mehr?! Viel mehr,

Viel mehr … als … jemals.

ROXANE *welche das Fenster schließen wollte, hält inne.*

Das war besser schon.

CHRISTIAN *wie oben.*

Die Liebe wuchs, gewiegt … vom Glutverlangen,

So wild und groß, daß … man vor ihr erschrickt.

ROXANE *auf den Balkon heraustretend.*

Schon besser! Doch warum hat man den Rangen

Nicht in der Wiege schon erstickt?

CHRISTIAN *wie oben.*

Ich hab es … tausendmal versucht; indes
Der … Neugeborne war ein … Herkules.

ROXANE. Viel besser!

CHRISTIAN *wie oben.*

Schnell hat er … die beiden Ottern
Erwürgt … den Stolz und … Zweifel.

ROXANE *sich auf das Geländer des Balkons lehnend.*

Gut gesagt;
Sehr gut! Nur weiß ich nicht, warum Sie stottern.
Ist Ihre Phantasie von Gicht geplagt?

CYRANO *zieht Christian unter den Balkon und schlüpft an seinen Platz.*

So geht's nicht! Wart! Ich selbst …

ROXANE. Warum so träg
Sind Ihre Worte?

CYRANO *halblaut sprechend, wie Christian.*

Weil durch nächt'gen Flor
Sich jedes tasten muß nach Ihrem Ohr.

ROXANE. Die meinen finden leichter ihren Weg.

CYRANO. Das glaub ich gern! Mit schwebendem Gefieder
Ziehn sie mir gradeswegs ins Herz hinein:
Mein Herz ist groß; Ihr Ohr jedoch ist klein.
Auch steigen Ihre Worte leicht hernieder;
Die meinen gehn bergauf, und das ist schwer.

ROXANE. Sie gehn viel besser nun, als kurz vorher.

CYRANO. Nun sind sie mit der Kletterkunst vertraut.

ROXANE. So sehr, daß sie zugleich auch mich erhöhten.

CYRANO. Ja, wenn so hoch herab ein harter Laut
Aufs Herz mir fiele, würd' er flugs mich töten.

ROXANE *mit einer Bewegung.*

Ich komme!

CYRANO *rasch.* Nein!

ROXANE. Erklimmen Sie die Bank!

CYRANO *erschreckt zurückweichend.*

Nein!

ROXANE. Wie?

CYRANO *mehr und mehr hingerissen.*

Nein, dieser Stunde sag ich Dank,

Wo wir so lieblich miteinander flüstern
Und uns nicht sehn.
ROXANE. Nicht sehn?
CYRANO. Ist's nicht ein Traum?
Wir sind uns nah und ahnen uns doch kaum.
Sie sehen, daß ein Mantel schleift im Düstern,
Ich seh des weißen Sommerkleides Flimmer:
Ich bin ein Schatten nur, Sie nur ein Schimmer.
O wüßten Sie, was dies für mich bedeute!
Denn war ich je beredt …
ROXANE. Sie waren's oft!
CYRANO. Nein, was mein Innerstes erbangt und hofft,
Verschweig ich noch.
ROXANE. Warum?
CYRANO. Weil ich … bis heute
Gebannt war …
ROXANE. Wie?
CYRANO. Von Ihrer Augen Strahl!
Doch von dem Zauber dieser Nacht berauscht,
Sprech ich mit Ihnen heut zum erstenmal!
ROXANE. Drum klingt auch Ihre Stimme wie vertauscht.
CYRANO *sich nähernd, leidenschaftlich.*
Ja; denn das Dunkel raubte mir die Scheu.
Jetzt wag ich erst …
Er hält verwirrt inne. Ich weiß nicht, was ich spreche!
Dies alles o verzeihn Sie mir die Schwäche
Dies ist für mich so wonnig und so neu!
ROXANE. So neu?
CYRANO *sucht sich vergeblich zu sammeln.*
So neu … Denn jedesmal verlor
Ich meinen Mut … aus Furcht vor Scherzen …
ROXANE. Scherzen?
Wieso?
CYRANO. Weil ich … ein Schwärmer bin. Dem Herzen
Bind ich aus Scham den Geist als Maske vor
Und muß mich, wenn ich Sterne möchte pflücken,
Aus Angst vor Spott nach Redeblümchen bücken.
ROXANE. Sehr hübsch sind Redeblümchen.

CYRANO. Heute nicht!

ROXANE. So hört' ich Ihre Stimme niemals klingen!

CYRANO. Heut nichts vom Liebespfeil, von Amors Schlingen!
Frisch sei der Kranz, den unsre Liebe flicht,
Und statt vom Musenquell ein Tröpfchen nur
Aus einem goldnen Fingerhut zu schlürfen,
Soll unsre Seele heut sich tränken dürfen
Vom großen, breiten Strome der Natur!

ROXANE. Jedoch der Geist ...

CYRANO. Verlockte Sie zum Bleiben.
Jetzt aber wär' es Kränkung dieser Nacht
Und all der Düfte, die ringsum erwacht,
Zu sprechen, wie gezierte Dichter schreiben.
Ein einz'ger Blick empor zu den Gestirnen
Und unser künstlich Feuerwerk verschwand.
Ich fürchte, daß in unsern zarten Hirnen
Von ehrlichem Gefühl nichts übrigbliebe,
Wenn wir uns beugten vor so leerem Tand;
Denn feinste Feinheit wird zur kleinsten Kleinheit.

ROXANE. Jedoch der Geist ...

CYRANO. Ich haß ihn in der Liebe!
Vorlaut zerstört er unsres Herzens Einheit!
Denn unausbleiblich kommen wird die Zeit
Und wem sie nicht kommt, der ist zu beklagen,
Wo mit so heil'gem Ernst die Herzen schlagen,
daß jeder Redezierat ihn entweiht.

ROXANE. Und kommt die Zeit, in was für Worten dann
Wird sich Ihr Herz ergehn?

CYRANO. In allen, allen,
Die mich in bunter Wildheit überfallen,
Bevor ich sie zum Sträußchen binden kann:
Ich liebe dich, bin toll, verrückt, von Sinnen;
Zum Glockenspiele machtest du mein Herz,
Und weil es bebt in Sehnsucht und Frohlocken,
Drum tönt dein Name laut von allen Glocken.
Nichts, was die Liebste tut, kann mir entrinnen:
Du trugst vergangnes Jahr am neunten März
Anders dein Haar geordnet als am achten.

Entschwindet mir's, dann scheint der Tag zu nachten,
Wer sich zu lang der Sonne zugewendet,
Der sieht ein goldnes Rund an allen Ecken,
Und ich, von deiner Locken Glanz geblendet,
Gewahre, von dir fern, rings blonde Flecken.

ROXANE *mit bewegter Stimme.*
Ja, das ist Liebe …

CYRANO. Dies Gefühl, das mich
Hinreißt in Eifersucht und Leidenschaft,
Ist wahrlich Liebe, hat die Qual und Kraft
Der Liebe und verlangt doch nichts für sich.
Mein Heil, ich gäb' es für das deine gern,
Und ewig bliebe dir mein Tun verschwiegen;
Den Abglanz nur möcht' ich erspähn von fern
Des Glücks, das meinem Opfer wär' entstiegen!
Ein jeder Blick von dir läßt eine Tat,
Läßt eine neue Tugend in mir reifen!
Verstehst du nun? Beginnst du zu begreifen,
Daß durch die Nacht dir meine Seele naht?
O süße, süße Nacht! O holdes Werben!
Dies alles sag ich, und sie lauscht mir, sie!
Das ist zu viel! So hoch verstieg sich nie
Mein kühnstes Hoffen. Könnt' ich jetzt nur sterben!
Die Liebeskraft, die meinen Worten eigen,
Läßt sie dort zittern zwischen blauen Zweigen!
Ja, ja, Sie zittern wie das Laub im Wind!
Du zitterst! Und am leisen Blätterweben
Spür ich, wie deiner Hände süßes Beben
Leicht am Jasmingeranke niederrinnt.

Er küßt leidenschaftlich das Ende eines herabhängenden Zweiges.

ROXANE. Geliebter, ja, ich zittre, bin entflammt
Und bin berauscht.
CYRANO. O göttlicher Genuß,
Daß dieser Rausch mir, mir allein entstammt!
Nichts andres fordr' ich mehr als …
CHRISTIAN *unter dem Balkon.* Einen Kuß!

ROXANE *zurückprallend.*
  Wie?
CYRANO. Oh?!
ROXANE. Sie fordern …?
CYRANO. Ich … *Leise zu Christian.*
  Hab doch Geduld!
CHRISTIAN. Nein, jetzt ist sie gerührt; das muß ich nützen.
CYRANO *zu Roxane.*
  Ich fordre … nichts; denn Ihre große Huld
  Will ich vor meiner eignen Kühnheit schützen.
ROXANE *ein wenig enttäuscht.*
  So leicht verzichten Sie?
CYRANO. Nein … der Verzicht
  Ist schwer! Wenn Ihre Gnade mir verzieh …
  Und dennoch, diesen Kuß … ich fordr' ihn nicht.
CHRISTIAN *Cyrano am Mantel ziehend.*
  Warum nicht?
CYRANO. Christian, schweig!
ROXANE *sich vornüber beugend.* Was flüstern Sie?
CYRANO. Weil ich die Fordrung als zu dreist empfand,
  Drum sagt' ich zu mir selber: Christian, schweig!

  Die Theorben beginnen zu spielen.

Doch horch! Man kommt!

*Roxane zieht sich zurück und schließt das Fenster. Cyrano lauscht
den Theorben, von denen die eine ein ausgelassenes, die andere ein
getragenes Stück spielt.*

Dur? Moll? Zwiefacher Fingerzeig?
Ein Mann? Ein Weib? Es ist ein Mönchsgewand!

*Ein Kapuziner erscheint, mit einer Laterne in der Hand, und geht
suchend von Haus zu Haus.*

Siebenter Auftritt

Cyrano. Christian. Ein Kapuziner.

CYRANO *zum Kapuziner.*
  Sind Sie vielleicht Diogenes der Zweite?
KAPUZINER. Wohnt in der Nähe hier …
CHRISTIAN. Verwünschte Störung!
KAPUZINER. Fräulein Robin?
CHRISTIAN. Was soll das?
CYRANO *nach dem Hintergrund zeigend.* Rechte Seite!
  Gradaus!
KAPUZINER. Ich will für Sie, zum Danke, ganz
  Herunterbeten meinen Rosenkranz.

Er geht ab.

CYRANO *ihm nachrufend.*
  Viel Glück! Und Ihr Gebet gewinn' Erhörung!

Achter Auftritt

Cyrano. Christian.

CHRISTIAN. Schaff mir den Kuß!
CYRANO. Nein!
CHRISTIAN. Kommen wird die Zeit …
CYRANO. Ja, du hast recht! Erscheinen wird die Stunde,
  Wo sich vereint in sel'ger Trunkenheit
  Dein blonder Bart mit ihrem roten Munde.

Halb für sich.

Ich ziehe vor, weil sie ja kommen muß …

*Man hört das Fenster sich öffnen. Christian verbirgt sich wieder
unter dem Balkon.*

Neunter Auftritt

Vorige. Roxane.

ROXANE *auf den Balkon heraustretend.*
  Sind Sie's? Wir sprachen von ... von ...
CYRANO. Einem Kuß.
  Warum will Ihre Lippe nicht ihn wagen?
  Wenn er drauf glüht, sie bleibt doch unversengt.
  Warum vor ihm erschrecken und verzagen?
  Ward Ihre Tändelei nicht oft verdrängt
  Von einer jähen, rätselhaften Trauer?
  Ein Lächeln, das in Seufzer überglitt
  Und dann in Tränen? Nur noch einen Schritt!
  Denn zwischen Trän' und Kuß liegt nur ein Schauer.
ROXANE. O still!
CYRANO. Wird man durch einen Kuß zum Diebe?
  Er ist ein trauliches Gelübde nur,
  Ein zart Bekenntnis, ein gehauchter Schwur,
  Ein Rosenpünktchen auf dem i der Liebe;
  Ein Wunsch, dem Mund gebeichtet, statt dem Ohr,
  Ein liebliches Geräusch wie Bienensummen,
  Ein Traum der Ewigkeit, ein duftiges Verstummen.
  Die Seele schwebt zum Lippenrand empor
  Und gibt sich als ein süßes Naschwerk hin.
ROXANE. O still!
CYRANO. So vornehm ist, so einwandsfrei
  Der Kuß, daß ihn selbst Frankreichs Königin
  Dem glücklichsten der Lords gewährt hat.
ROXANE. Ei!
CYRANO. Und so wie Buckingham streb ich vermessen,
  Du Königin, empor zu deinen Höhn;
  Ich bin wie er elend und treu ...
ROXANE. Und schön
  Wie er!
CYRANO *ernüchtert, halb für sich.*
  Und schön, das hatt' ich ganz vergessen.

ROXANE. So komm und pflück dies duftige Verstummen.

CYRANO *Christian nach dem Balkon drängend.*
Hinauf!

ROXANE. Das Naschwerk …

CYRANO. Steig!

ROXANE. Das Bienensummen …

CYRANO. Hinauf!

CHRISTIAN *zögernd.*
Gleich jetzt? Mir täte Sammlung not …

ROXANE. Den Traum der Ewigkeit!

CYRANO *ihn stoßend.* Hinauf, Idiot!

Christian schwingt sich mit Hilfe der Bank, des Laubwerks und der Mauerpfeiler bis zum Balkongeländer und steigt darüber.

CHRISTIAN. Roxane!

Er umschlingt und küßt sie.

CYRANO. Welch ein Herzkrampf! Oh, der Kuß!
Ein Liebesfest, und ich bin Lazarus.
Und doch empfang ich, schmachtend an der Pforte,
Brosamen von dem Mahl, das ihn beglückt:
Er hat ihr Aug' und ich ihr Herz entzückt;
Auf seinen Lippen küßt sie meine Worte!

Man hört die Theorben.

Dur Moll: der Kapuziner!
Er tut, als käme er eben gelaufen, und ruft laut. He!

ROXANE. Wer rief?

CYRANO. Ich bin's. Christian noch da?

CHRISTIAN *sehr erstaunt.* Cyrano, du?

ROXANE. Herr Vetter!

CYRANO. Guten Tag?

ROXANE. Ich komm im Nu!

Sie verschwindet ins Haus. Im Hintergrund erscheint der Kapuziner.

CHRISTIAN *den Kapuziner bemerkend.*
Schon wieder der! *Er folgt Roxane.*

Zehnter Auftritt

Vorige. Der Kapuziner. Ragueneau.

KAPUZINER. Gewiß, hier muß es sein
  Robin!
CYRANO. Sie sagten doch Ro–lin.
KAPUZINER. O nein!
  B, i, n, – bin!
ROXANE *erscheint in der Haustür, gefolgt von Ragueneau, welcher eine
  Laterne trägt, und Christian.*
  Was gibt's?
KAPUZINER. Hier ist ein Brief.
CHRISTIAN. Wie?
KAPUZINER *zu Roxane.*
  Sicher handelt er von heil'gen Dingen!
  Denn ein sehr frommer Herr …
ROXANE *zu Christian.* Graf Guiche!
CHRISTIAN. Er kann es wagen …
ROXANE. Ja; doch den Sieg wird er sich nicht erzwingen!

Den Brief öffnend.

Dich lieb ich und …

Beim Licht von Ragueneaus Laterne liest sie leise, beiseite.

»Fräulein! Die Trommeln schlagen;
Mein Regiment hat Abschied schon genommen;
Man glaubt mich unterwegs; jedoch Ihr Wort
Mißachtend blieb ich in des Klosters Hort.
Ich unterrichte Sie von meinem Kommen
Durch dieses ahnungslose Gottesschaf.
Ihr Lächeln, das mich so verheißend traf
Ich will es wiedersehn in aller Stille!
Vergeben Sie dem kühnen Liebesstreiter,
Der, auf Gewährung hoffend, ist und bleibt
Ihr bis zum Tod getreuer … und so weiter …«

Zum Kapuziner.

Herr Pater, hören Sie, was man mir schreibt:

Alle nähern sich ihr; sie liest laut.

»Fräulein! Wie grausam Ihnen auch der Wille
Des Kardinals erscheint Ihr Sträuben kann
Hier wenig helfen; drum als dienstbereiten
Vollstrecker send ich diesen sehr gescheiten,
Ehrwürd'gen und verschwiegnen Gottesmann.
Heimlich soll er noch heut in Ihrem Haus
Christian und Sie *das Blatt umwendend* zum Ehepaar verbinden.
Wenn Ihnen dieser Bund auch überaus
Zuwider ist Sie müssen sich drein finden.
Der Himmel selbst wird Ihren Edelsinn
Belohnen, wenn Sie demutvoll und heiter
Sich fügen in Ihr Los. Ich aber bin
Ihr allezeit ergebner ... und so weiter.«
KAPUZINER *strahlend.*
    Ein frommer Herr! Ich habe gleich gesehn:
    Es kann sich nur um heil'ge Dinge drehn!
ROXANE *leise zu Christian.*
    Hab ich das gut gelesen?
CHRISTIAN. Hm!
ROXANE *laut, mit gespielter Verzweiflung.*
    O Pein!
KAPUZINER *zu Cyrano, ihn mit seiner Laterne beleuchtend.*
    Sind Sie's?
CHRISTIAN. Ich!
KAPUZINER *beleuchtet Christian und wird bei seinem Anblick stutzig.*
    Doch ...
ROXANE *rasch.* Nachschrift: »Der Mönch bekomme
    Fürs Kloster tausend Franken.«
KAPUZINER. Oh, der fromme,
    Der fromme Herr! *Zu Roxane.* Ergeben Sie sich drein!
ROXANE *mit gepreßter Stimme.*
    Ich muß wohl!

Während Ragueneau dem Kapuziner die Tür öffnet und Christian
    ihn zum Eintreten auffordert, sagt sie leise zu Cyrano.

Halten Sie Graf Guiche zurück, bis wir …
CYRANO. Versteh!
Zum Kapuziner. Wie lange wird die Trauung währen?
KAPUZINER. Ein Viertelstündchen.
CYRANO *sie nach dem Hause drängend.*
   Geht! Ich bleibe hier.

   Alle, außer Cyrano, ab ins Haus.

Wie kann ich ihm so lang den Weg erschweren?

   Er springt auf die Bank und klettert zum Balkon hinauf.

Ich hab's! *Die Theorben beginnen eine energische Weise.*
Dur! Dur! Ha, diesmal ist's ein Mann!

   Lautes Tremolo.

Und was für einer!

*Er ist auf dem Balkon angelangt, zieht seinen Hut bis über die Augen
   herab, legt seinen Degen fort und wickelt sich in seinen Mantel.
   Dann beugt er sich vor und späht.*

Ja, so wird's gelingen.

*Er steigt über das Geländer, zieht den langen Ast eines der Bäume,
   welche die Gartenmauer überragen, zu sich heran, und hängt sich
   mit beiden Händen daran fest, bereit, sich herunterfallen zu lassen.*

Ich will ihm mitten ins Gehege springen!

Elfter Auftritt

   Cyrano. Graf Guiche.

GUICHE *tritt auf, maskiert, im Dunkeln tappend.*
   Wo der verdammte Mönch nur stecken kann?
CYRANO. Doch wenn er an der Stimme mich erkennt?!

   *Er läßt mit einer Hand los und tut, als drehe er einen Schlüssel
      herum.*

Krick, krack!

Feierlich. Nun hilf mir, heimischer Akzent!

GUICHE *das Haus musternd.*

Ich sehe schlecht. Mir scheint, daß sie hier wohnt.

Er will eintreten. Cyrano springt vom Balkon, sich an dem Ast
festhaltend, der sich herunterbiegt und ihn zwischen der Tür und
Graf Guiche absetzt. Als habe er einen schweren Fall aus großer
Höhe getan, liegt er platt, wie betäubt, auf dem Boden und regt sich
nicht. Guiche, mit einem Satz nach rückwärts.

GUICHE. Wie? Was?

Wie er den Blick erhebt, ist der Ast schon zurückgeschnellt. Er sieht
nur den Himmel und begreift den Zusammenhang nicht.

Wo fiel der Mensch herab?

CYRANO *sich aufrecht setzend, mit Gascogner Akzent.*

Vom Mond!

GUICHE. Vom …?

CYRANO *wie im Traum.* Wieviel Uhr?

GUICHE. Ist er nicht recht gescheit?

CYRANO. Welch Land ist hier? Und welche Jahreszeit?

GUICHE. Jedoch …

CYRANO. Mir schwindelt!

GUICHE. Herr …

CYRANO. Mit lautem Krach

Fiel ich vom Mond!

GUICHE *ungeduldig.* Ach was!

CYRANO *aufstehend, mit schrecklicher Stimme.*

Es ist notorisch!

GUICHE *zurückweichend.*

Meintwegen, ja! Der Mensch ist geistesschwach.

CYRANO *auf ihn losgehend.*

Ich fiel tatsächlich und nicht metaphorisch!

GUICHE. Jedoch …

CYRANO. Wie lang ich fiel, wer wird's erkunden?

Ein ganz Jahrhundert oder zwei Sekunden?

Auf dieser safranfarb'gen Kugel stand ich …

GUICHE *achselzuckend.*

Ja. Lassen Sie mich durch!

CYRANO *ihm den Weg vertretend.*

Wo bin ich nur?
Verraten Sie mir doch, in welches Land ich
Gleich einem Meteor herniederfuhr!

GUICHE. Zum Henker!

CYRANO. Denn im Fallen blieb mir nicht
Die Wahl des Orts, an dem ich landen werde!
Auf welchen Mond hat mich, auf welche Erde
Gezogen meines Hintern Schwergewicht?

GUICHE. Mein Herr, ich …

CYRANO *mit einem Schrei des Entsetzens, vor welchem Guiche zurück-
weicht.* Ha! Gelobt sei Gottes Name!
Ein schwarzes Antlitz!

GUICHE *mit der Hand nach seinem Gesicht greifend.*

Was?

CYRANO *mit pathetischer Angst.* Ich bin in Afrika!
Ein Wilder!

GUICHE. Eine Maske nur ist dies.

CYRANO *scheint sich ein wenig zu beruhigen.*

So war' ich in Italien?

GUICHE *will an ihm vorüber.* Eine Dame
Erwartet mich!

CYRANO *völlig beruhigt.*

Dann bin ich in Paris.

GUICHE *unwillkürlich lachend.*

Ein drolliger Patron!

CYRANO. Sie lachen?

GUICHE. Ja.
Nun aber … *Er will vorbei.*

CYRANO *strahlend.*

Nach Paris bin ich gefallen!

Höchst vergnügt, sich verbeugend und unter Lachen sich abstäubend.

Ich bin noch ganz voll Äther mit Verlaub!
Ich reiste durch verschiedne Wolkenballen;

In meinen Augen sitzt Planetenstaub.
Ich hab an meinen Sporen Sternensand ...

Etwas von seinem Mantel klaubend.

Und ein Kometenhärchen am Gewand.

Er tut, als ob er es fortblase.

GUICHE *außer sich.*
Herr ...!
CYRANO *streckt in dem Augenblick, wo Guiche an ihm vorüber will,*
sein Bein vor, um ihm etwas daran zu zeigen.
Sehen Sie: hier biß mich in die Wade
Der große Bär. Dann, als auf meinem Pfade
Den Krebs ich traf, stürzt' ich mit einem Sprünglein,
Aus Furcht vor seinen Scheren, in die Waage:
Nun zeigt sie mein Gewicht mit ihrem Zünglein.

Ihn schnell am Vorbeikommen hindernd und einen Knopf seines
Wamses fassend.

Und, Herr, wenn ich an meine Nase schlage,
Dann sprüht sie Milch.
GUICHE. Was? Milch?
CYRANO. Ja, von der großen
Milchstraße!
GUICHE. Höll' und ...
CYRANO. Nein, der Himmel schickt mich her!

Die Arme kreuzend.

Auch auf den Sirius bin ich gestoßen
Und merkt', er trägt des Nachts 'ne Zipfelmütze.

Vertraulich.

Noch nicht recht beißen kann der Kleine Bär.
Lachend. Der Leier brach ich stürzend ein paar Saiten.
Stolz. All dies werd ich in einem Buch verbreiten,
Worin ich auch das Sternengold benütze,
Mit dem ich eigens füllte meine Taschen:
Sein Prunk soll meine Leser überraschen!

GUICHE. Nun ist's genug! Ich will jetzt ...

CYRANO. Ich verstehe!

GUICHE. Herr!

CYRANO. Ja, Sie wollen wissen, wie der Mond,
　　Der große Kürbis, aussieht in der Nähe,
　　Und ob auch er von Menschen wird bewohnt.

GUICHE *schreiend.*
　　Nein, nein, ich will ...

CYRANO. Erfahren, wann und wie
　　Ich selbst hinaufkam? Nun denn, ich erfand
　　Ein Mittel.

GUICHE *entmutigt.* Welch ein Narr!

CYRANO *geringschätzig.* Doch ich entlieh
　　Nichts von des Regiomontanus Possen,
　　Noch vom Archytas.

GUICHE. Narr und auch Pedant.

CYRANO. Selbständig hab ich mir den Weg erschlossen!

Es ist Guiche endlich gelungen, an ihm vorbeizukommen. Er geht
auf die Tür zu. Cyrano folgt ihm, bereit, ihn festzuhalten.

Sechs Mittel hab ich, himmelwärts zu fliegen.

GUICHE *sich umwendend.*
　　Sechs?

CYRANO *mit Geläufigkeit.*
　　Erstens könnt' ich splitterfasernackt,
　　Den Leib mit kleinen Flaschen rings bepackt,
　　Die voll vom Naß der morgendlichen Au,
　　So lang behaglich in der Sonne liegen,
　　Bis ihre Glut mich aufsaugt mit dem Tau.

GUICHE *überrascht, macht einen Schritt auf Cyrano zu.*
　　Das wär' erst eins!

CYRANO *zurückweichend, um ihn vom Hause fortzuziehen.*
　　Zweitens, ich überliste
　　Die Luft, damit sie hinter Schloß und Riegel
　　Zum Flug mir dient, nachdem durch glüh'ne Spiegel
　　Ich sie verdünnt in einer Cederkiste.

GUICHE *macht noch einen Schritt.*
　　Zwei!

CYRANO *stets zurückweichend.*

Dann, als Feuerwerker von Beruf

Laß ich durch starke Flammen von Salpeter

Auf einem Stahlgeschoß, das ich mir schuf,

Mich schleudern in den himmelblauen Äther.

GUICHE *folgt ihm, ohne es zu merken, und zählt an den Fingern.*

Drei!

CYRANO. Dann in einer Kugel samml' ich Rauch;

Er steigt empor, und ich natürlich auch.

GUICHE *wie oben, mehr und mehr erstaunt.*

Vier!

CYRANO. Phöbus saugt gern Ochsenmark; ich reibe

Mich damit ein: das weitere wie zuvor.

GUICHE *starr.*

Fünf!

CYRANO *hat ihn allmählich bis auf die andere Seite des Platzes, in die Nähe einer Bank, hinübergezogen.*

Endlich: Fest auf eine Eisenscheibe

Gestellt, werf ich ein Stück Magnet empor.

Da der Magnet verfolgt wird von dem Eisen,

Dient er mir zur Erreichung meines Zwecks;

Ich werf ihn schnell von neuem und kann reisen,

So hoch und weit ich irgend wünsche.

GUICHE. Sechs.

Großartig! Welches von den sechs Systemen

Erwählten Sie?

CYRANO. Ein siebentes!

GUICHE. Potz Blitz!

CYRANO. Sie raten's nicht mit allem Ihrem Witz.

GUICHE. Ich bin fürwahr gespannt, es zu vernehmen!

CYRANO *mit mysteriösen Gesten, das Geräusch der Meeresbrandung nachahmend.*

Huüh!

GUICHE. Nun denn?

CYRANO. Verstehn Sie?

GUICHE. Nein!

CYRANO. Die Flut!

Ich nahm zur Stunde, wo der Mond die Wogen

Anzieht, ein Seebad, und als ich am Strand geruht,
Ward ich, das Haupt voraus, emporgezogen,
Weil ja das meiste Wasser in den Locken
Zu haften pflegt. So schwebt' ich sanft hinan
Gleich einem Engel. Da, zum Tod erschrocken,
Spürt' ich 'nen Ruck. Und dann …
GUICHE *hat sich in höchster Spannung auf die Bank gesetzt.* Und dann?
CYRANO. Und dann …

Mit seiner natürlichen Stimme

War voll das Viertelstündchen und die Karten
Deck ich nun auf.
GUICHE *aufspringend.*
Die Stimme? Träum ich nur?

*Die Haustür öffnet sich. Lakaien erscheinen mit brennenden
Armleuchtern. Cyrano schlägt die Krempe seines Hutes empor.*

Die Nase! Ha, Cyrano!
CYRANO *grüßend.* Aufzuwarten.
Soeben tauschten sie den Treueschwur.
GUICHE. Wer?

*Er wendet sich um. Hinter den Lakaien erscheinen Roxane und
Christian Hand in Hand. Der Kapuziner folgt ihnen schmunzelnd.
Ragueneau, eine Fackel tragend. Die Duenna beschließt den Zug,
verdutzt dreinschauend, im Nachtmantel.*

GUICHE. Himmel!

Zwölfter Auftritt

*Vorige. Roxane. Christian. Der Kapuziner. Ragueneau. Duenna.
Lakaien.*

GUICHE *zu Roxane.* Sie! *Christian erkennend, starr.*
Und er?!

Sich vor Roxane mit Bewunderung verneigend.

Das nenn ich schlau!

Zu Cyrano.

Herr Feuerwerker, wahrlich, Ihr Bericht
Hätt' einen Heil'gen aufgehalten, dicht
Vorm Himmelstor. Notieren Sie's genau,
Damit es Ihrem Buche kommt zustatten.

CYRANO *sich verbeugend.*
Herr Graf, Ihr Beifall ist mein höchster Lohn.

KAPUZINER *zu Guiche, auf die Liebenden deutend und mit Befriedigung seinen großen weißen Bart schüttelnd.* Welch hübsches Paar vereinten Sie, mein Sohn!

GUICHE *ihm einen eisigen Blick zuwerfend.*
Ja.

Zu Roxane.

Nehmen Sie nun Abschied von dem Gatten!

ROXANE. Ich …?

GUICHE *zu Christian.*
Ihres Regiments Fanfaren klingen.

ROXANE. Um in den Krieg zu ziehn?

GUICHE. So wird's wohl sein.

ROXANE. Doch die Kadetten bleiben hier!

GUICHE. O nein!

Er zieht das Schriftstück hervor, das er in die Tasche gesteckt hatte.

Hier der Befehl.

Er übergibt es Christian.

Sofort zu überbringen.

ROXANE *Christian umklammernd.*
Christian!

GUICHE *höhnisch zu Cyrano.*
Die Hochzeitsnacht ist ferne noch!

CYRANO *für sich.*
Das kränkt mich sehr viel wen'ger, als er glaubt!

CHRISTIAN *zu Roxane.*
Noch einen Kuß!

CYRANO. Genug!

CHRISTIAN *unter neuen Umarmungen.*

Sie mir geraubt!

Du kannst nicht ahnen, was das heißt …

CYRANO *sucht ihn fortzuziehen.* O doch.

Man hört von ferne Trommeln.

GUICHE *ist nach hinten gegangen.*

Schon ziehn die Truppen …!

ROXANE *zu Cyrano, während sie Christian, den er stets fortzuziehen sucht, festhält.*

Ihren Händen nun

Vertrau ich ihn. Sie werden vor Gefahren

Ihn schützen.

CYRANO. Wenn es möglich, werd ich's tun.

ROXANE *wie oben.*

Versprechen Sie, sein Leben zu bewahren!

CYRANO. Ja, wenn ich kann …

ROXANE *wie oben.*

Und daß er niemals Frost

Im Kriege leiden muß!

CYRANO. Ja, ja, soferne …

ROXANE *wie oben.*

Daß er mir treu bleibt!

CYRANO. Wenn …

ROXANE *wie oben.*

Und eine Post

Mir täglich sendet!

CYRANO *entschlossen.*

Dies versprech ich gerne.

Vierter Aufzug

Die Gascogner Kadetten

Der Posten, welchen die Kompanie Carbons bei der Belagerung von Arras einnimmt. Eine Böschung schließt den Hintergrund ab; jenseits derselben sieht man den ebenen Horizont und das mit Belagerungszurüstungen bedeckte Land. In weiter Ferne die Mauern von Arras, dessen Giebel sich wie Silhouetten vom Himmel abheben. Zelte; umherliegende Waffen; Trommeln usw. Tagesanbruch. Schildwachen, in Zwischenräumen aufgestellt; Lagerfeuer. Die Kadetten schlafen, in ihre Mäntel gewickelt. Carbon und Le Bret wachen. Sie sind sehr bleich und abgemagert. Christian schläft, inmitten der übrigen, gleichfalls in seinen Mantel gewickelt, im Vordergrund; sein Gesicht wird von einem Feuer beschienen. Tiefe Stille.

Erster Auftritt

Christian. Carbon. Le Bret. Die Kadetten. Später Cyrano.

LE BRET. 's ist greulich!

CARBON. Ja. Nichts mehr!

LE BRET. Mordius!

CARBON. Fluch leise!

Du weckst sie mir. *Zu den Kadetten.* Schlaft ruhig!

Zu Le Bret. Schlaf ist Speise.

LE BRET. Wer wacht, der wird von diesem Trost nicht satter.

O diese Hungersnot!

Man hört in der Ferne ein paar Schüsse.

CARBON. Verwünscht Geknatter!

Sie wecken meine Kinder! *Zu den Kadetten, welche die Köpfe
emporheben.*

Schlaft!

Sie legen sich wieder hin. Neue Schüsse, etwas näher.

EIN KADETT *beunruhigt.* Es knallt

Schon wieder!

CARBON. Nur Cyrano kehrt zurück.

Schlaft!

Die emporgestreckten Köpfe legen sich abermals wieder hin.

EINE SCHILDWACHE *hinter der Bühne.*

Wer da?

STIMME CYRANOS. Bergerac!

DIE SCHILDWACHE *welche auf der Böschung steht.*

Potz Wetter! Wer da? Halt!

CYRANO *auf dem Kamm der Böschung erscheinend.*

Bergerac, Schafskopf!

Er steigt herab.

LE BRET *eilt ihm besorgt entgegen.*

Solch ein Wagestück!

CYRANO *ihm bedeutend, daß er niemanden wecken soll.*
  Sei still!
LE BRET. Bist du verletzt?
CYRANO. Du weißt, sie pflegen
  Vorbeizuschießen.
LE BRET. Unerhört! Seit Wochen
  Begehst du täglich eines Briefes wegen
  Die Tollkühnheit …
CYRANO *vor Christian stehenbleibend.*
  Ich hab's ihr ja versprochen.

Ihn betrachtend.

  Wie bleich er ist. Und dennoch hübsch wie je!
  Wenn sie jetzt wüßte, daß er am Verhungern!
LE BRET. Geschwind! Geh schlafen!
CYRANO. Brumme nicht, Le Bret!
  Vernimm, daß auf dem Weg, den ich beschritt,
  Stets nur betrunkne spanische Posten lungern.
LE BRET. Und dennoch bringst du nichts zu beißen mit?
CYRANO. Nur leichte Ladung schlüpft hindurch. Indessen,
  Mir scheint, falls ich soeben richtig sah,
  Daß wir noch heute sterben oder essen.
LE BRET. Erzähle!
CYRANO. Warten wir, ob ich geirrt!
CARBON. O Schmach! Wir, die Belagerer, hungern!
LE BRET. Ja,
  Weiß Gott, die Rollen haben sich verwirrt.
  Wir schlossen Arras ein, um rings umstellt
  Von spanischen Truppen selber abzumagern.
CYRANO. Nun müßte wieder jemand *sie* belagern.
LE BRET. Ach, scherze nicht!
CYRANO. Hoho!
LE BRET. Welch tolles Treiben,
  Daß täglich du dein Leben führst ins Feld,
  Damit ein Brief …

Er sieht, daß Cyrano auf ein Zelt losschreitet.

Wohin?
CYRANO. Den nächsten schreiben.

Er hebt den Zeltvorhang auf und geht hinein.

Zweiter Auftritt

Vorige ohne Cyrano.
Es ist etwas heller geworden. Rötliches Licht. Die Türme und Giebel
von Arras werden von der aufgehenden Sonne vergoldet. Man hört
einen Kanonenschuß, auf den unmittelbar ein Trommelwirbel folgt,
links in der Ferne. Andere Trommeln antworten, erst etwas näher,
dann dicht hinter der Szene, dann wieder in größerer Entfernung,
scheinbar das ganze Lager durcheilend. Das Geräusch der Reveille.
Ferne Kommandorufe.

CARBON *mit einem Seufzer.*
Nahrhafter Schlaf, ade!

Die Kadetten regen sich in ihren Mänteln und wickeln sich aus.

Ich weiß voraus
Ihr erstes Wort.
EIN KADETT *sich aufrecht setzend.* Mich hungert!
EIN ANDERER. Ich bin tot!
Alle. O weh!
CARBON. Steht auf!
DRITTER KADETT. Ich kann nicht.
VIERTER KADETT. Bald ist's aus.
ERSTER KADETT *ein Küraßstück als Spiegel benützend.*
Ganz dürr ist meine Zunge. Schlimme Zeiten!
EIN ANDERER. Mein Freiherrnwappen für ein Stückchen Brot!
EIN ANDERER. Wenn man nicht bald mir etwas liefern will,
Womit ich Magensaft mir kann bereiten,
Dann schließ ich mich ins Zelt ein wie Achill.
CARBON *geht zum Zelt, in dem sich Cyrano befindet; halblaut.*
Cyrano!
ANDERE. Brot! Wir sterben!
CARBON *stets halblaut, am Eingang des Zeltes.*

Komm herzu!

Hilf mir! Erzähl etwas den armen Schelmen!

Dein Wort ermuntert sie.

ZWEITER KADETT *auf den ersten losstürzend, der etwas kaut.*

Was knaupelst du?

ERSTER KADETT. Ein bißchen Werg, wie man es schmort in Helmen,

Um einzufetten die Kanonenachse.

Denn weil's an Wildbret hier vor Arras mangelt ...

EIN ANDERER KADETT *auftretend.*

Ich war auf Jagd.

EIN ANDERER *auftretend.* Ich hab im Fluß geangelt.

ALLE *springen auf und umringen die Ankömmlinge.*

Was bringt ihr mit? Zeigt her! Rebhühner? Lachse?

Laßt sehen!

DER FISCHER. Einen Gründling.

DER JÄGER. Einen Spatzen.

ALLE *verzweifelt.*

Es geht nicht mehr!

CARBON. Cyrano, komm herzu!

Es ist inzwischen heller Tag geworden.

Dritter Auftritt

Vorige. Cyrano.

CYRANO *tritt ruhig aus dem Zelt, eine Feder hinterm Ohr, ein Buch in der Hand.*

Hier bin ich. Nun?

Pause. Zum ersten Kadetten.

Was schneidest du für Fratzen?

ERSTER KADETT. Mich drückt etwas in meinem linken Schuh.

CYRANO. Was denn?

ERSTER KADETT. Der Magen.

CYRANO. Ei, mich auch, mein Bester.

ERSTER KADETT. Beugt dich das nicht?

CYRANO. O nein, mich richtet's auf.

ZWEITER KADETT. Mein Rachen klafft.

CYRANO. Dann beißt er um so fester.

EIN DRITTER. Mein Bauch klingt hohl.

CYRANO. Wir trommeln Sturm darauf.

EIN ANDERER. Mir saust's im Ohr wie Donnern der Geschütze.

CYRANO. Dein Magen füllt dein Ohr und ist doch leer.

EIN ANDERER. Gebt Futter!

CYRANO *nimmt ihm die Mütze ab und gibt sie ihm in die Hand.*

 Iß das Futter deiner Mütze!

EIN ANDERER. Was könnt' ich jetzt verschlingen?

CYRANO *wirft ihm das Buch zu, das er in der Hand gehalten.*

 Den Homer.

EIN ANDERER. Der Kardinal darf prassen in Paris!

CYRANO. Soll er dir Wildbret schicken?

DER KADETT. Ja! Und Wein!

CYRANO. Herr Richelieu, Burgunder, if you please!

DER KADETT. Durch einen Mönch …

CYRANO. Mit einem Heil'genschein.

EIN ANDERER. Gebt was zum Nagen!

CYRANO. Nag am Hungertuche!

ERSTER KADETT *achselzuckend.*

 Du spielst mit Worten.

CYRANO. Ja, mein Lieblingsspiel,

 Bis ich dereinst, an meiner Tage Ziel,

 Auf meinen Tod ein schönes Sprüchlein suche.

 Oh, sterben, eh' vor Alter ich verdorrt,

 Dem Feind, der meiner würdig, unterlegen,

 Ruhmvoll im Herzen den geschliffnen Degen

 Und auf den Lippen ein geschliffnes Wort!

ALLE. Brot! Brot!

CYRANO *die Arme kreuzend.*

 Ei, nur ans Essen denkt ein jeder?

 Komm, Bertrandou der Pfeifer, alter Hirt!

 Heraus dein Pfeifchen aus dem Sack von Leder!

 Hier sind gefräß'ge Schlemmer: sei der Wirt!

 Spiel ihnen jene sanften Heimatweisen,

 Drin jeder Ton ein schwesterlicher Hauch

 Geliebter Stimmen, die das Herz mit leisen

Gewalten rühren, traulich, wie der Rauch,
Der von den Dächern steigt in Abendröte,
Und schollenduftig wie das Ackerland.

Der Alte setzt sich und holt seine Flöte hervor.

Heut soll sich deine kriegerische Flöte
Erinnern, während deine flinke Hand
Ein Menuett drauf tanzt, daß sie zuvor
Nicht Ebenholz war, sondern schlichtes Rohr;
Soll staunend lauschen, wie im eignen Liede
Zurückkehrt ihrer Seele Jugendfriede.

Der Alte beginnt Volksweisen der Languedoc zu spielen.

Hört ihr? Gascogner? Dies ist nicht der grimme
Schlachtruf, der Lagerpfeife greller Schrei;
Dies ist der Wälder süße Flötenstimme,
Der Ziegenhirten liebliche Schalmei.
Hört ihr? Dies ist das Tal, der Forst, die Weide,
Das Schaukeln auf den Fluten der Dordogne,
Rotmützig Volk auf immergrüner Heide ...
Hört ihr, Gascogner? Dies ist die Gascogne!

*Alle Häupter haben sich herabgeneigt; die Augen blicken
traumverloren. Tränen werden heimlich abgewischt, mit einem
Ärmelaufschlag oder einem Mantelzipfel.*

CARBON *leise zu Cyrano.*
  Du bringst sie ja zum Weinen!
CYRANO. Doch ihr Leid
  Ist nicht mehr Hunger: Heimweh weckt die Tränen!
  Von einer niedern Qual sind sie befreit
  Und ausgefüllt von einem edlen Sehnen.
CARBON. Wer einmal weich geworden, wird auch zag.
CYRANO *winkt einen Trommler herbei.*
  Laß nur! Ihr Heldentum flammt schnell empor.
  Dazu genügt ...

Er macht ein Zeichen. Der Trommler schlägt einen Wirbel.

ALLE *springen auf und eilen zu ihren Waffen.*

He? Holla? Was geht vor?

CYRANO *lächelnd.*

Du siehst, dazu genügt ein Trommelschlag.

Heimat und Leid und Jugendtraum verweht …

Die Trommel scheucht, was der Schalmei entsprang.

EIN KADETT *im Hintergrund.*

Da kommt Graf Guiche!

ALLE KADETTEN *murmelnd.* Huh!

CYRANO *lächelnd.* Herzlicher Empfang!

EIN KADETT. Er langweilt uns!

EIN ANDERER. Auf seiner Rüstung bläht

Ein Spitzenkragen sich, wie bei den Gecken.

EIN ANDERER. Leinwand auf Stahl als ob's ein Spiel betreffe.

DER ERSTE. Er will vielleicht ein Halsgeschwür verstecken.

DER ZWEITE. Noch immer Höfling!

EIN ANDERER. Seines Onkels Neffe!

CARBON. Er ist Gascogner!

DER ERSTE. Doch ein echter schwerlich!

Die richtigen sind allesamt verrückt:

Vernünftige Gascogner sind gefährlich.

LE BRET. Bleich ist er.

EIN ANDERER. Weil auch ihn der Hunger drückt.

Doch da von lauter Gold sein Panzer starrt,

Drum blitzt sein Magenkrampf im Sonnenlichte.

CYRANO *schnell.*

Zeigt keine Spur des Leidens im Gesichte!

Spielt! Raucht!

Alle lagern sich schnell, um Karten und Würfel zu spielen, auf Trommeln, Schemeln und auf ihren am Boden ausgebreiteten Mänteln, und setzen ihre langen Tabakspfeifen in Brand.

Und ich will lesen Im Descartes.

Er geht auf und ab und liest in einem kleinen Buche, das er aus der Tasche gezogen hat. Pause. Graf Guiche tritt auf. Alle scheinen beschäftigt und zufrieden. Er ist sehr blaß, geht zu Carbon.

Vierter Auftritt

Vorige. Guiche.

GUICHE *zu Carbon.*
  Ah, guten Morgen!

    Sie betrachten einander. Für sich, mit Genugtuung.

  Er ist gelb.
CARBON *ebenso.* Die Knochen
  Kann man ihm zählen.
GUICHE *zu den Kadetten.*
  Meine Herrn, seit Wochen
  Erfahr ich, daß die Jünglinge von Adel,
  Krautjunkerlein und ländliche Barone
  Mich, ihren Oberst, in gehäss'gem Tone
  Bekritteln und mit scharf gewürztem Tadel
  Mich Höfling nennen, ja noch obendrein,
  Weil ich mir einen Spitzenkragen gönne,
  Die Möglichkeit in Zweifel ziehn, man könne
  Gascogner und trotzdem kein Bettler sein.

    Stillschweigen. Die Kadetten spielen und rauchen.

  Laß ich durch euren Hauptmann euch bestrafen?
  Nein.
CARBON. Wen ich strafen will, das steht mir frei.
GUICHE. Ach?
CARBON. Ich besolde sie. Drum dem Herrn Grafen
  Gehorch ich nur in Kriegsbefehlen.
GUICHE. Ei?!
  Nun gut.

    Zu den Kadetten.

  Verachten kann ich euren Hohn:
  Man sah mich oft genug im Kugelregen.
  Noch gestern, bei Bapaume, griff ich verwegen
  Die Spanier dreimal an, bis ihre Reihen flohn,

Gehetzt von meiner wilden Meute.

CYRANO *ohne von seinem Buch aufzusehen.*

Und Ihre weiße Schärpe?

GUICHE *angenehm überrascht.*

Ah, Sie wissen?
Als ich mit einer Schwenkung meine Leute
Gesammelt, um von neuem Sturm zu laufen,
Ward ich von einem wirren Flüchtlingshaufen
Dicht an die Front des Feindes fortgerissen.
Ich lief Gefahr, daß man als guten Fang
Mich füsilierte; schnell gefaßt beizeiten,
Ließ ich die Schärpe drum zu Boden gleiten,
Die Zeugnis gab von meinem hohen Rang.
So konnt' ich unbemerkt die Feindeskette
Verlassen, und mit meiner ganzen Macht
Zurückgekehrt, gewann ich nun die Schlacht.
War das nicht klug?

> *Die Kadetten tun, als ob sie nicht zuhörten; aber sie halten die Karten und Würfelbecher in der Luft; sie vergessen, den Rauch der Pfeifen auszustoßen.*

CYRANO. Heinrich der Vierte hätte,
Wenn auch bedrängt von einem ganzen Heere,
Sich nie des weißen Federbuschs entschlagen.

> *Vergnügtes Schweigen. Karten und Würfel sinken herab; der Rauch entweicht.*

GUICHE. List führte mich zum Sieg!

CYRANO. Man soll der Ehre,
Zielscheibe sein zu dürfen, nicht entsagen.

> *Wachsende Aufmerksamkeit und Freude der Kadetten.*

Was mich betrifft: wär' ich dabei gewesen,
Dann hätt' ich flink zum Schmuck der eignen Brust
Die Schärpe mir vom Boden aufgelesen.

GUICHE. Gascogner Prahlsucht!

CYRANO. Prahlsucht? Nun, ich bitte,
Die Schärpe mir zu leihn. Ich will mit Lust

Beim Sturm sie tragen in des Feindes Mitte.

GUICHE. Gascogner Vorschlag! Wollen Sie vielleicht

Sie suchen, dort, wo tausend Schlünde dröhn

Und rings Kartätschenhagel niederstreicht?

Von dort holt niemand sie!

CYRANO *zieht aus der Tasche die weiße Schärpe und reicht sie ihm.*

Hier ist sie schon.

Pause. Die Kadetten ersticken ihr Lachen in den Karten und Würfelbechern. Guiche wendet sich um und sieht sie an. Sofort finden sie ihre Würde wieder und spielen. Einer pfeift gleichgültig die vorher gespielte Volksweise.

GUICHE *die Schärpe nehmend.*

Schön' Dank! Ich werde sie sogleich verwenden

Für ein Signal … das ich bis jetzt verschob.

Er geht zur Böschung, klettert hinauf und winkt mehrmals mit der Schärpe.

ALLE. Wie?

DIE SCHILDWACHE *auf der Böschung.*

Jener Mann, der dort ins Weite stob …!

GUICHE *herabsteigend.*

Ein falscher spanischer Spion. Wir senden

Ihn selbst zum Feind, dem er berichten muß,

Was wir zuvor ihm aufgetragen.

So lenken wir den spanischen Entschluß.

CYRANO. Ein Schuft!

GUICHE *sich nachlässig die Schärpe umbindend.*

Ein nützlicher. Was wollt' ich sagen? …

Ja, richtig! Hört! Der Marschall zog in Waffen

Heut nacht verstohlen gegen Dourlens fort,

Um mit Gewalt uns Proviant zu schaffen;

Des Königs Marketender trifft er dort.

Damit man ihm den Rückzug nicht verwehre,

Hat er so viele Truppen sich gesellt,

Daß, wenn der Spanier heut uns überfällt,

Wir ihm entgegenstehn mit halbem Heere.

CARBON. Ja, wenn die Feinde das erführen, dann

Wär's schlimm bestellt.

GUICHE. Sie haben's schon erfahren.

Uns winkt ein Angriff ihrer ganzen Scharen.

CARBON. Ah!

GUICHE. Der Spion sprach so zu mir: »Ich kann

Verfügen; geben Sie mir zu verstehn,

An welchem Punkt der Angriff soll geschehn!

Ich werde sagen, der sei schlecht bewacht.«

»Sehr gut«, versetzt' ich ihm. »Geh vor die Wälle:

Wo du mich winken sehen wirst, hab acht;

Denn dies Signal bezeichnet dir die Stelle.«

CARBON *zu den Kadetten.*

Macht euch bereit!

*Alle erheben sich. Geklirr von Degen und Gehängen, welche
umgeschnallt werden.*

GUICHE. In einer Stunde.

ERSTER KADETT. Gut!

*Alle setzen sich wieder und nehmen ihre unterbrochenen Spiele
wieder auf.*

GUICHE *zu Carbon.*

So, bis der Marschall kommt, gewinn ich Zeit.

CARBON. Deshalb!?

GUICHE. Deshalb ist's Ihre Schuldigkeit,

Daß Sie sich töten lassen.

CYRANO. Also Rache?

GUICHE. Fühlt' ich für Sie besondre Liebesglut,

Dann hätt' ich andre wohl zu dieser Sache

Gewählt; doch da man Ihren Mut bewundert,

Konnt' ich damit zugleich dem König dienen.

CYRANO. Herr Graf, von ganzem Herzen dank ich Ihnen.

GUICHE. Sie schlagen gern sich, einer gegen hundert:

Heut können Sie dem edlen Trieb genügen.

Er geht mit Carbon nach hinten.

CYRANO *zu den Kadetten.*

Unser Gascogner Wappen hatte nur

Bisher sechs Felder, golden und azur;
Nun gilt's, ein blutigrotes einzufügen!

Guiche spricht im Hintergrund leise mit Carbon. Befehle werden erteilt, Verteidigungszurüstungen getroffen. Cyrano geht zu Christian, welcher mit gekreuzten Armen unbeweglich dasteht.

CYRANO *ihm die Hand auf die Schulter legend.*
Christian?
CHRISTIAN *den Kopf schüttelnd.*
Roxane!
CYRANO. Ja!
CHRISTIAN. Wie gern noch riefe
Ich Lebewohl ihr zu in einem schönen Briefe!
CYRANO. Ich sah voraus, was heute kommt …

ein Billett aus seinem Wams ziehend

und schrieb
Dein Lebewohl.
CHRISTIAN. Zeig her!
CYRANO. Du willst?
CHRISTIAN *ihm den Brief abnehmend.* So gib!

Er öffnet ihn, liest und stutzt.

Ei!
CYRANO. Was?
CHRISTIAN. Der Fleck …?
CYRANO *nimmt ihm schnell den Brief wieder ab und betrachtet ihn scheinbar unbefangen.*
Ein Fleck?
CHRISTIAN. 's ist eine Träne.
CYRANO. Ja … mich ergriff mein eignes Werk. Mir scheint,
Weil ich als Dichter mich beteiligt wähne,
Drum ward mein Auge feucht.
CHRISTIAN. Du hast geweint?
CYRANO. Ja … daß wir sterben, stört uns nicht die Ruh' …
Doch sie nicht wiedersehn … o Schreckenswort!
Denn niemals werd ich …

Christian sieht ihn an

werden wir … *rasch*
wirst du …
CHRISTIAN *ihm den Brief entreißend.*
  Gib mir den Brief!

Man hört entfernten Lärm.

STIMME EINER SCHILDWACHE. Halt! Wer da?

Schüsse. Lärm. Schellengeläut.

CARBON. Wer ist dort?
DIE SCHILDWACHE *auf der Böschung.*
  Ein Wagen!

Alle eilen neugierig hinauf.

STIMMEN. Hier im Lager? Er biegt ein!
  Er kommt gewiß vom Feind! Gebt Feuer! Nein!
  Der Kutscher schrie! Was schrie er denn? Er schrie:
  Im Dienst des Königs!

Alle stehen auf der Böschung und blicken hinaus. Das Schellengeläut
nähert sich.

GUICHE. Dienst des Königs! Wie?

Die Kadetten steigen herab, stellen sich in Reih und Glied.

CARBON. Entblößt das Haupt!
GUICHE *ruft in die Kulisse.*
  Macht Platz, damit im Fahren
  Die Schwenkung würdevoll gelingen mag!

Der Wagen fährt im Trab herein. Er ist mit Schmutz und Staub
bedeckt. Die Vorhänge seiner Fenster sind geschlossen. Zwei Lakaien
stehen hinten. Er hält an.

CARBON *kommandiert.*
  Laßt trommeln!

Trommelwirbel. Alle Kadetten stehen barhäuptig.

GUICHE. Senkt das Trittbrett!

Zwei Leute gehorchen eiligst. Der Wagenschlag öffnet sich.

ROXANE *aus dem Wagen springend.* Guten Tag!

Der Klang einer Frauenstimme richtet wie mit einem Zauberschlag all diese niedergedrückten Gestalten auf. Höchste Verblüffung.

Fünfter Auftritt

Vorige. Roxane.

GUICHE. Im Dienst des Königs Sie?
ROXANE. Des einzig wahren:
  Des Königs Amor!
CHRISTIAN *auf sie zueilend.* Du?!
ROXANE. Das Kriegstreiben
  Hat mir zu lang gedauert.
CYRANO *ist beim Klang ihrer Stimme wie festgenagelt stehen geblieben und wagt nicht, sie anzusehen.*
  Gott, ich wanke!
CHRISTIAN. Du kamst …!
ROXANE. Nachher!
GUICHE. Hier können Sie nicht bleiben.
ROXANE *heiter.*
  Doch! Doch! Ich bitt um eine Trommel.

Man bringt ihr eine Trommel in den Vordergrund; sie setzt sich darauf.

Danke!

Stolz.

Eine Patrouille schoß auf meinen Wagen!
Sieht er nicht aus wie das Gespann im Märchen:
Ein Kürbis, hintenauf ein Rattenpärchen?

Sie wirft Christian eine Kußhand zu; dann, sich umschauend.

Ihr schaut nicht fröhlich drein. Ich muß euch sagen:
Arras ist furchtbar weit.

Sie bemerkt Cyrano.

Vetter, grüß Gott!
CYRANO *vortretend*
Erklären Sie …
ROXANE. Bedarf es der Erklärung,
Daß ich das Lager fand? Ich fuhr im Trott,
Wohin den Weg mir zeigte die Verheerung.
Ach, fürchterlich! Kaum traut' ich meinen Augen!
Ja, meines Königs Dienst scheint mehr zu taugen
Als der des euren.
CYRANO. Unerhörte Dinge!
Von wo sind Sie hindurchgeschlüpft?
ROXANE. Von wo?
Nun, bei den Spaniern.
ERSTER KADETT. Weiberlist!
GUICHE. Wieso
Durchbrachen Sie des Feindes dichte Ringe?
LE BRET. Das war gewiß nicht leicht!
ROXANE. Es war nicht schwer.
Ich fuhr ganz einfach mitten durch ihr Heer.
Kam ein Hidalgo, dann aus meinem Wagen
Hab ich mein schönstes Lächeln ihm gesandt.
Ja, meine Herrn, ich kann mich nicht beklagen:
Die Spanier waren überaus galant.
CARBON. Fürwahr, dies Lächeln ist ein Reisepaß!
Doch, fragte man Sie nicht an jedem Platze,
Wohin der Weg Sie führt?
ROXANE. Ohn' Unterlaß.
Und ich erwiderte: »Zu meinem Schatze.«
Der grimmste Spanier schloß dann ungebeten
Die Wagentür mit einer Handbewegung,
Die selbst ein König säh' mit Neidesregung,
Entfernte die schon zielenden Musketen,
Verneigte sich in stolz graziöser Weise,
Stand stramm wie seine Spitzenkrause, zog

Den Schlapphut, daß im Wind die Feder flog,
Und sagte: »Señorita, gute Reise!«
CHRISTIAN. Jedoch …
ROXANE. Vergib! Ich sprach: »Mein Schatz« aus List.
Hätt' ich gesagt: »Mein Mann«, sie hätten nie
Mich durchgelassen.
CHRISTIAN. Aber jetzt …
ROXANE. Was ist?
GUICHE. Sie müssen fort!
ROXANE. Ich?
CYRANO. Schleunigst!
LE BRET. Eilen Sie!
CHRISTIAN. Ja!
ROXANE. Doch weshalb?
CHRISTIAN *verlegen.* Weil …
CYRANO *ebenso.* Bald …
GUICHE *ebenso.* Es wäre gut …
CARBON *ebenso.* Wenn …
LE BRET *ebenso.* Daß …
ROXANE. Es steht ein Kampf bevor. Ich bleibe.
ALLE. Nein!
ROXANE *sich in Christians Arme stürzend.*
Sei im Tod vereint mit deinem Weibe!
CHRISTIAN. Dein Auge flammt.
ROXANE. Ahnst du, von welcher Glut?
GUICHE *verzweifelt.*
Dies ist der schlimmste Platz!
ROXANE *sich umwendend.* Der schlimmste?
CYRANO. Hätten **wir**
Ihn sonst erhalten?
ROXANE *zu Guiche.* Ah, damit man mir
Den Gatten raubt!
GUICHE *protestierend.* Mein Wort …!
ROXANE. Ich halte stand!
Ich muß! Und außerdem ist's amüsant.
CYRANO. Will die Preziöse Heldin sein?
ROXANE. Das Blut
Der Bergerac mir eignet es nicht minder!

EIN KADETT. Wir alle schützen Sie!

ROXANE *mehr und mehr in Fieber versetzt.*

Das glaub ich, Kinder!

EIN ANDERER *berauscht.*

Das ganze Lager riecht nach Iris!

ROXANE. Dieser Hut

Wird, denk ich, in der Schlacht mich trefflich kleiden.

Sie sieht nach Guiche hin.

Doch der Herr Graf muß jetzt vielleicht uns meiden?

Die Pflicht …

GUICHE *verärgert.*

Oh, sehr verbunden! Ich durchstreife

Das Lager und bin bald zurück. Ich mahne

Sie nochmals zur Vernunft!

ROXANE. Nein, nein!

Guiche geht ab.

Sechster Auftritt

Vorige ohne Guiche.

CHRISTIAN *flehentlich.* Roxane?

ERSTER KADETT *zu den andern.*

Sie bleibt!

ALLE *rennen durcheinander, machen sich zurecht.*

Wo ist ein Kamm? Mein Wams ist leck!

Gebt Zwirn und Nadel! Einen Spiegel! Seife!

Dein Schnurrbarteisen! Ein Rasierbesteck!

ROXANE *zu Cyrano, der sie abermals bittet.*

Ich weiche nicht!

CARBON *nachdem er wie die andern sich gegürtet, seine Kleider und seinen Hut abgebürstet, dessen Feder zurechtgestrichen und seine Manschetten hervorgezogen hat, sich Roxane nähernd, zeremoniell.*

Da Sie darauf bestehn,

So möcht' ich Ihnen ein paar Edelleute

Vorstellen, welche hochgeehrt sind, heute
Vor Ihren Augen in den Tod zu gehn.

Roxane neigt zustimmend das Haupt und wartet stehend, am Arm
Christians. Carbon stellt vor.

Baron von Crabioules auf Colignac!
DER KADETT *mit Verbeugung.*
Madame ...
CARBON *fortfahrend.*
Baron Lésbas d'Escarabiot
Von Malgouyre. Chevalier von Casterac.
Von Antignac-Juzet. Baron Hillot
Von Blagnac-Saléchan und Peyrescous ...
ROXANE. So viele Namen haben Sie?
BARON HILLOT. Noch mehr!
CARBON *zu Roxane.*
Nun lassen Sie dies Schnupftuch frei!
ROXANE *läßt das Schnupftuch fallen.* Wozu?

Die ganze Kompanie schickt sich an, darauf loszustürzen, um es
aufzuheben.

CARBON *es schnell aufhebend.*
Wir hatten keine Fahne! Wir besitzen
die schönste nun im ganzen Heer!
ROXANE *lächelnd.*
Sie ist ein wenig klein.
CARBON *bindet das Schnupftuch an seine Hauptmannslanze.*
Jedoch aus Spitzen.
EIN KADETT *zu den andern.*
Dies holde Lärvchen ist das Sterben wert,
Und wär' ich nicht vor Hunger wie besessen ...
CARBON *der dies gehört hat, entrüstet.*
Wer spricht vor einer solchen Frau vom Essen?
ROXANE. Ich finde selbst: die Luft des Lagers zehrt.
Drum bitt ich, mir das Frühstück aufzutragen:
Pasteten, Fleisch und Wein.

Bestürzung.

EIN KADETT. Das Frühstück!

EIN ANDERER. Ach,

Wo nehmen wir das her?

ROXANE *ruhig*. Aus meinem Wagen.

ALLE. Was?!

ROXANE. Uns bedienen soll ein Mann vom Fach.

Betrachtet meinen Kutscher in der Näh':

Er ragt hervor im Kochen und im Schwärmen

Und ist bereit, die Soßen aufzuwärmen!

DIE KADETTEN *zum Wagen rennend*.

's ist Ragueneau!

Sie umringen ihn mit Beifallsjubel.

ROXANE *folgt ihnen mit den Augen*. Die Ärmsten!

CYRANO *ihr die Hand küssend*. Güt'ge Fee!

RAGUENEAU *auf dem Bock stehend wie ein Marktschreier*.

Ihr Herrn!

Enthusiasmus.

DIE KADETTEN. Hoch! Hoch!

RAGUENEAU. Laßt uns den Spanier preisen!

Er ließ die Schönheit reisen samt den Speisen.

Beifall.

CYRANO *leise, zu Christian*.

Hm, Christian!

RAGUENEAU. Von Roxanens Reizen warm,

Nahm er nicht wahr …

Er zieht unter seinem Sitz eine Schüssel hervor und hebt sie hoch.

die kalte Platte!

Beifall. Die Schüssel geht von Hand zu Hand.

CYRANO *leise zu Christian*. He!

Ein Wort!

RAGUENEAU. Venus beschäftigte den Schwarm,

Damit Diana retten konnt' … *er schwingt eine Rehkeule* ihr Reh!

Enthusiasmus. Die Keule wird von zwanzig ausgestreckten Händen ergriffen.

CYRANO *leise zu Christian.*
Ich muß dich sprechen!

ROXANE *zu den Kadetten, welche zurückkommen, beladen mit Lebensmitteln.*
Stellt dies auf die Erde!

Sie breitet das Tischzeug auf dem Boden aus, unterstützt von den zwei unerschütterlich würdigen Lakaien, welche auf dem Wagen gestanden.

ROXANE *zu Christian, in dem Augenblick, wo Cyrano ihn beiseite ziehen will.*
Komm! Hilf mir!

Christian gehorcht. Cyrano macht eine Bewegung der Besorgnis.

RAGUENEAU. Pfau mit Trüffeln!

ERSTER KADETT *kommt fröhlich nach vorn, sich ein großes Stück Schinken abschneidend.* Höllenschlund!
So krieg ich doch, eh' ich des Teufels werde,
Noch was ins Maul …

Sich beim Anblick Roxanens schnell verbessernd.

Verzeihung! in den Mund!

RAGUENEAU *wirft ihnen die Wagenkissen zu.*
Die Kissen sind voll Wachteln.

Tumult. Die Kissen werden aufgeschlitzt. Freudiges Lachen.

DRITTER KADETT. Alle Wetter!

RAGUENEAU *wirft ihnen Flaschen voll Rotwein zu.*
Rubinflut! *Ebenso Flaschen voll Weißwein.*
Und Topasflut für den Durst!

ROXANE *wirft Cyrano ein gefaltetes Tischtuch an den Kopf.*
Hop! Rollen Sie dies Tischtuch auf, Herr Vetter!

RAGUENEAU *schwingt eine Wagenlaterne, die er abgerissen hat.*
Jede Laterne ist ein Speiseschrank!

CYRANO *leise zu Christian, während sie gemeinsam das Tischtuch aus-
einanderfalten.*

Eh' du sie sprichst, muß ich mit dir noch sprechen!

RAGUENEAU *immer lyrischer.*

Mein Peitschenstiel ist eine Leberwurst!

ROXANE *schenkt Wein ein und serviert.*

Mordius, wer sterben soll, braucht Speis' und Trank!

Greift zu, Gascogner! Ihr allein sollt zechen!

Und kommt Graf Guiche, dann lädt ihn niemand ein!

Von einem zum andern gehend.

Eßt nicht so hastig! Nehmt euch ruhig Zeit!

Trinkt aus! Ihr weint? Warum?

ERSTER KADETT. Vor Seligkeit.

ROXANE. Still! Etwas Fleisch? Weiß' oder roten Wein?

Ein Brot für Herrn Carbon! Wer Teller braucht,

Der sag's. Geflügel?

CYRANO *ihr folgend, mit Schüsseln beladen und ihr helfend; für sich.*

Himmelsangesicht!

ROXANE *geht zu Christian.*

Du?

CHRISTIAN. Nichts.

ROXANE. Dies Biskuit, in Muskat getaucht!

CHRISTIAN *versucht, sie zurückzuhalten.*

O sage mir, warum du kamst?

ROXANE. Jetzt nicht.

Wenn jene satt …

LE BRET *der nach hinten gegangen war, um auf einer Lanzenspitze der
Schildwache auf der Böschung ein Brot zu reichen.*

Graf Guiche!

CYRANO. Verbergt ihm klüglich,

So schnell ihr könnt, die Flaschen, Schüsseln, Teller,

Als wäre nichts geschehn!

Zu Ragueneau. Und du, noch schneller

Spring auf den Bock zurück!

In einem Augenblick ist alles in den Zelten, den Kleidern, Mänteln und Hüten versteckt. Guiche tritt schnell ein. Plötzlich stutzt er und schnuppert. Pause.

Siebenter Auftritt

Vorige. Guiche.

GUICHE. Hier riecht's vorzüglich.
EIN KADETT *vergnügt trällernd.*
   Tralla!
GUICHE *bleibt stehen und sieht ihn an.*
   Was haben Sie? Sie sind ganz rot!
DER KADETT. Ich? Nichts. Die Kriegslust bringt mein Blut zum Sieden.
EIN ANDERER. Bum bum
GUICHE *sich umwendend.* Was ist denn das?
DER KADETT *leicht angeheitert.* O nichts! Ich singe.
GUICHE. Mein junger Freund, Sie scheinen sehr zufrieden!
KADETT. Aus Kampfbegier!
GUICHE *ruft Carbon, um ihm einen Befehl zu erteilen.*
   Herr Hauptmann! …
   Er stutzt und sieht ihn an. Mord und Tod!
   Sie sind ja gleichfalls äußerst guter Dinge!
CARBON *dunkelrot im Gesicht, verbirgt eine Flasche hinter seinem Rücken.*
   Ich …
GUICHE *zeigt in die Kulisse.*
   Die Kanone pflanzt' ich auf den Kamm,
   Um Ihrer Leute Wehrkraft zu verstärken.
EIN KADETT *sich hin und her wiegend.*
   Oh, wie besorgt!
EIN ANDERER *ihm liebenswürdig zulächelnd.*
   Wie rührend aufmerksam!
GUICHE. Ein Narrenhaus! *Trocken fortfahrend.*
   Doch sollen sie sich merken,
   Daß sie beim Schuß zurückprallt.
ERSTER KADETT. Puff!
GUICHE *geht wütend auf ihn zu.* Wer pufft?

ERSTER KADETT. Kein Rückprall droht, wenn die Gascogner schossen!

GUICHE *packt ihn beim Arm und schüttelt ihn.*

Sind Sie berauscht? Wovon?

ERSTER KADETT *stolz.* Vom Pulverduft!

GUICHE *läßt ihn achselzuckend los und geht schnell zu Roxane.*

Madame, Sie sind nun hoffentlich entschlossen?

ROXANE. Ich bleibe!

GUICHE. Fliehn Sie!

ROXANE. Nimmermehr!

GUICHE. Nun gut.

Gebt ein Gewehr mir.

CARBON. Wie?

GUICHE. Dann bleib auch ich.

CYRANO. Endlich ein Zug von echtem Heldenmut!

ERSTER KADETT. Sind Sie Gascogner trotz dem Spitzenkragen?

GUICHE. Ich lasse kein gefährdet Weib im Stich.

ZWEITER KADETT *zum ersten.*

Was meinst du? Geben wir ihm was zu nagen?

Alle Lebensmittel werden plötzlich wieder sichtbar.

GUICHE *dessen Augen zu leuchten beginnen.*

Wie?! Mundvorrat?

EIN DRITTER KADETT. Jawohl, hier ward gezecht!

GUICHE *sich bezwingend, mit Würde.*

Glaubt ihr, ich nähre mich von euren Resten?

CYRANO *mit einer Verbeugung.*

Hochachtung!

GUICHE. Nüchtern schlägt man sich am besten!

ERSTER KADETT *mit einem Freudenausbruch.*

's ist unser Landsmann!

GUICHE *lachend.* Freilich.

ERSTER KADETT. Er ist echt!

Alle Kadetten beginnen zu tanzen.

CARBON *ist kurz vorher hinter die Böschung gegangen und erscheint nun auf ihrem Kamm.*

Die Truppen stehn in Front.

Er zeigt auf eine Reihe von Lanzenspitzen, welche hinter der Böschung hervorragen.

GUICHE *zu Roxane, mit Verbeugung.* Sie zu beschaun,
Dürft' ich an meinem Arme Sie geleiten?

Sie nimmt seinen Arm. Sie steigen die Böschung hinan. Alle Kadetten nehmen die Hüte ab und folgen.

CHRISTIAN *zu Cyrano gehend, rasch.*
Sprich!

Im Augenblick, wo Roxane auf dem Kamm erscheint, werden die Lanzen zur Begrüßung gesenkt, so daß sie verschwinden. Ein Ruf erhebt sich; sie dankt mit einer Verneigung.

DIE TRUPPEN *draußen.* Hoch!
CHRISTIAN. Was hattest du mir zu vertrau'n?
CYRANO. Falls dir Roxane …
CHRISTIAN. Nun?
CYRANO. Von deinen Briefen spricht …
CHRISTIAN. Jawohl, ich weiß! …
CYRANO. Begeh die Dummheit nicht,
Erstaunt zu sein …
CHRISTIAN. Wie?
CYRANO. Laß dich vorbereiten!
Es fuhr mir durch den Sinn, als sie heut kam,
Daß du …
CHRISTIAN. So sprich doch!
CYRANO
… ihr weit öfter schriebst,
Als du vermutest.
CHRISTIAN. Wie?
CYRANO. Ich übernahm,
Dolmetsch zu sein, wie glühend du sie liebst,
Und nicht von jedem Brief gab ich dir Kunde.
CHRISTIAN. Aha.
CYRANO. Sehr einfach nicht?
CHRISTIAN. Doch seit dem Tag,
Da man uns einschloß …?

CYRANO. In der Dämmerstunde
  Schlüpft' ich hindurch …
CHRISTIAN *die Arme kreuzend.*
  Sehr einfach, in der Tat!
  Wie oftmals schrieb ich in der Woche? Sag!
  Zwei-, dreimal?
CYRANO. Öfter.
CHRISTIAN. Täglich?
CYRANO. Zweimal täglich.
CHRISTIAN *heftig.*
  Und das beglückte dich so ganz unsäglich,
  Daß du dem Tode trotztest …
CYRANO *sieht, daß Roxane zurückkommt.*
  Schweig! Sie naht!

Er geht schnell in sein Zelt.

Achter Auftritt

Roxane. Christian. Die Kadetten, im Hintergrund ab- und zugehend.
Carbon und Guiche erteilen Befehle.

ROXANE *eilt zu Christian.*
  Und jetzt gehör ich dir!
CHRISTIAN *ihre Hände fassend.* Und jetzt erkläre:
  Warum durch tausend Schrecken, durch die Tiefe
  Der Nacht, durch Kriegesnot und Feindesheere
  Du mich hier suchtest?
ROXANE. Wegen deiner Briefe.
CHRISTIAN. Wirklich?
ROXANE. Ja, sie berauschten mich und trieben
  Mich in Gefahr. Bedenke nur, wieviel
  Du mir seit einem Monat hast geschrieben,
  Und immer schönre!
CHRISTIAN. Nur ihr schöner Stil
  Bestimmte dich …
ROXANE. O schweig! Was kannst du wissen?
  Wohl lieb' ich dich an jenem Abend schon,

Da deine Reden unter dem Balkon
Mit nie geahnter Macht mich hingerissen.
Nun klang aus jedem Brief, den du gesendet,
Die Stimme wieder, die mit Lust und Weh
Damals mein Herz bezaubert und gewendet!
So wurd' ich toll! Hätt' an Penelope
Ulysses so geschrieben, traun, sie wäre,
Wie Helena von Leidenschaft bezwungen,
Verlassend ihren Webstuhl, Zwirn und Schere
Geradeswegs nach Troja durchgedrungen!
CHRISTIAN. Jedoch …
ROXANE. Ich las, las wieder, ward nicht satt.
In meinem Schoße häuftest du zusammen
Die Blüten deiner Seele, Blatt auf Blatt.
Man fühlt aus jedem kleinsten Wort die Flammen
Der tiefen, reinen Liebe …
CHRISTIAN. Tief und rein?
Das fühlt man?
ROXANE. Ja, man fühlt's wie Sonnenschein!
CHRISTIAN. Drum kamst du?
ROXANE. Christian, o mein Held, ich kam
Wenn du mir nicht erlaubst, vor dir zu knien,
So wisse: meine Seele kniet in Scham
Und steht nicht wieder auf, bis du verziehn
Ich kam, zu flehn: Verzeih und nicht verschieben
Soll man Verzeihung bei des Todes Nahn
Verzeih, daß einst ich dir den Schimpf getan,
Nur wegen deiner Schönheit dich zu lieben!
CHRISTIAN *angstvoll.*
Roxane!
ROXANE. Dann, als ich gerechter dich geschätzt,
Dem Vogel gleich, der hüpft, bevor er fliegt,
Blieb ich von deiner Schönheit zwar besiegt;
Doch deine Seele siegte mit.
CHRISTIAN. Und jetzt?
ROXANE. Jetzt, weil der stärkre Reiz den schwächeren vertrieb,
Jetzt hab ich nur noch deine Seele lieb.

CHRISTIAN *zurückweichend.*
  Roxane!
ROXANE. Freue dich! Geliebt zu sein
  Um eines Gutes willen, das vergänglich,
  Erfüllt ein edles Herz mit bittrer Pein.
  Kaum noch erblick ich deine Wohlgestalt:
  Durch deines Geistes liebliche Gewalt
  Ward ich für deine Schönheit unempfänglich.
CHRISTIAN. Oh!
ROXANE. Kannst du deinen Sieg noch nicht ermessen?
CHRISTIAN *schmerzvoll.*
  Roxane!
ROXANE. Glaub an ihn und sei beglückt!
CHRISTIAN. Oh, nichts von solcher Liebe! Laß mich denken,
  Daß ich geliebt bin wegen …
ROXANE. Wegen dessen,
  Wodurch du sonst die Frauen schnell berückt?
  Ich will dir eine beßre Liebe schenken!
CHRISTIAN. Nein, die von einst war besser.
ROXANE. Glaub mir doch!
  Erst jetzt hat meine Liebe Kraft und Fülle.
  Nur deinem Selbst, nicht deiner äußern Hülle
  Bin ich ergeben.
CHRISTIAN. Still!
ROXANE. Ich würde noch
  Dich lieben, wenn die Schönheit dir entschwunden.
CHRISTIAN. Ich bitte, sag das nicht!
ROXANE. Ich sag es.
CHRISTIAN. Oh!
ROXANE. Ich schwör es!
CHRISTIAN. Himmel!
ROXANE. Macht es dich nicht froh?
CHRISTIAN *mit erstickter Stimme.*
  Ja, ja.
ROXANE. Was hast du?
CHRISTIAN *sie sanft abwehrend.*
  Nichts. Nur zwei Sekunden …
ROXANE. Doch …

CHRISTIAN *zeigt auf eine Gruppe von Kadetten im Hintergrund.*
Jenen armen Burschen dort entwich
Dein Lächeln; geh und mach sie wieder reich!
ROXANE *gerührt.*
Liebster!

*Sie geht nach hinten, zu den Kadetten, welche sie ehrerbietig und
diensteifrig umringen.*

Neunter Auftritt

*Christian. Cyrano. Roxane im Hintergrund, im Gespräch mit Carbon
und einigen Kadetten.*

CHRISTIAN *nach dem Zelte Cyranos hin rufend.*
Cyrano!
CYRANO *erscheint wieder, gewappnet für die Schlacht.*
Nun? Warum zu bleich?
CHRISTIAN. Sie hat mich nicht mehr lieb!
CYRANO. Wie?
CHRISTIAN. Sie liebt dich!
CYRANO. Nein!
CHRISTIAN. Denn in mir liebt sie nur deine Seele.
CYRANO. Nein!
CHRISTIAN. Ja! sie liebt dich und du sie.
CYRANO. Ich?
CHRISTIAN. Hehle
Mir's nicht.
CYRANO. 's ist wahr.
CHRISTIAN. Du liebst sie.
CYRANO. Unermeßlich!
CHRISTIAN. Dann sag's ihr!
CYRANO. Nein!
CHRISTIAN. Warum?
CYRANO. Schau mein Gesicht!
CHRISTIAN. Sie würde mich noch lieben, wenn ich häßlich.
CYRANO. Das sagt sie?
CHRISTIAN. Ja.

CYRANO. Fürwahr, das tut mir wohl!
  Doch nein, es ist ja Wahnsinn; glaub es nicht!
  Daß sie's gesagt, freut mich als ein Symbol;
  Doch laß dir raten: nimm sie nicht beim Wort!
  Nur wenn du hübsch bleibst, liebt sie meine Seele.
CHRISTIAN. Das soll sich nun entscheiden.
CYRANO. Nein!
CHRISTIAN. Sie wähle!
  Bekenn ihr alles!
CYRANO. Nichts bekenn ich ihr!
CHRISTIAN. Nur weil ich hübsch, nahm ich dein Glück dir fort.
  Ist das gerecht?
CYRANO. Und ich soll deins begraben,
  Nur weil der Zufall mir verliehn die Gaben,
  Das auszudrücken … was du fühlst gleich mir?
CHRISTIAN. Sag's ihr!
CYRANO. Hinweg, Versucher!
CHRISTIAN. Oder soll
  Ich in mir selbst den Nebenbuhler tragen?
CYRANO. Christian!
CHRISTIAN. Nein, unsern Pakt werd ich zerschlagen,
  Wenn wir heut überleben!
CYRANO. Du bist toll!
CHRISTIAN. Werd ich um meinetwillen nicht geliebt,
  Dann besser gar nicht! Von dem Rand des Walles
  Will nach dem Feind ich ausspähn. Sag ihr alles,
  Und dann entscheide sie, wem sie den Vorzug gibt.
CYRANO. Dir!
CHRISTIAN. Hoffentlich. *Er ruft.* Roxane!
CYRANO. Nein!
ROXANE *schnell nach vorn kommend.* Sofort!
CHRISTIAN. Cyrano wird was Ernstes dir berichten.

  Sie geht schnell zu Cyrano. Christian ab.

Zehnter Auftritt

Roxane. Cyrano. Dann Le Bret, Carbon, die Kadetten, Ragueneau, Guiche usw.

CYRANO *bestürzt.* Er geht!

ROXANE. Was Ernstes?

CYRANO. Oh, mitnichten!
    Oft schien ihm ernst, was mir sehr harmlos schien.

ROXANE *schnell.*
    Ich weiß, er zweifelt noch an meinem Wort!

CYRANO *ihre Hand ergreifend.*
    Sie sprechen wahr?

ROXANE. Ja, lieben würd' ich ihn,
    Selbst wenn … *Sie stockt.*

CYRANO *traurig lächelnd.*
    Sie fürchten, daß mich's kränken kann,
    Dies Wort?

ROXANE. O nein …

CYRANO. Ich hör es unverdrossen!
    Selbst wenn er häßlich?

ROXANE. Ja!

Man hört eine Gewehrsalve.

    Man hat geschossen.

CYRANO *glühend.*
    Abschreckend wüst?

ROXANE. Auch dann!

CYRANO. Entstellt?

ROXANE. Auch dann!

CYRANO. Grotesk?

ROXANE. Für mich wird er das nimmer sein!

CYRANO. Sie liebten ihn auch dann?

ROXANE. Mehr als zuvor!

CYRANO *den Kopf verlierend, für sich.*
    Vielleicht … vielleicht schwebt nun das Glück empor!

Zu Roxane.

Roxane … ich …

LE BRET *kommt eiligst, ruft mit gedämpfter Stimme.*

Cyrano!

CYRANO *sich umwendend.* Was?

LE BRET. Still!

Er flüstert ihm etwas zu.

CYRANO *die Hand Roxanens loslassend, mit einem Aufschrei.*

Nein!

ROXANE. Was gibt's?

CYRANO *in starrem Entsetzen, für sich.*

Vorbei!

Neue Schüsse.

ROXANE. Was geht denn vor? Das Schießen? …

Sie geht nach hinten, um hinauszusehen.

CYRANO. Auf ewig muß ich's nun in mir verschließen!

ROXANE *will fortstürzen.*

Was geht hier vor?

CYRANO *sie schnell aufhaltend.* Nichts!

Kadetten kommen, eine Last tragend, welche sie verbergen, und bilden darum einen Kreis, durch den Roxane verhindert wird, sich zu nähern.

ROXANE. Was wird dort getragen?

CYRANO *sie entfernend.*

Ich bitte Sie …

ROXANE. Was wollten Sie mir sagen?

CYRANO. Ich Ihnen? Nichts! Doch ich bekenne frei:

Feierlich.

Christian, an Geist und Körper gleich begnadet,

War … *sich erschrocken verbessernd* ist so würdig …

ROXANE. War?!

Mit einem lauten Aufschrei. O Gott!

Sie läuft nach hinten und drängt die Kadetten beiseite.

CYRANO. Vorbei!

ROXANE *sieht Christian auf seinem Mantel ausgestreckt.*
  Christian!

LE BRET *zu Cyrano.*
  Dahingestreckt vom ersten Schuß!

Roxane wirft sich nieder und umklammert Christian. Neue Schüsse.
Getümmel, Lärm und Trommeln.

CARBON *mit gezücktem Degen.*
  Der Feind! Greift zu den Waffen!

Gefolgt von den Kadetten, übersteigt er die Böschung.

ROXANE. Christian!

STIMME CARBONS *hinter der Böschung.* Ladet!

ROXANE. Christian!

CARBON. Richt' euch!

Ragueneau eilt herbei, in einem Helme Wasser bringend.

CHRISTIAN *mit ersterbender Stimme.* Roxane!

CYRANO *ihm schnell ins Ohr flüsternd, während Roxane in Verzweiflung*
  ein Stück Leinwand, das sie von ihrer Brust gerissen, ins Wasser taucht,
  um ihn zu verbinden.
  Höre mich!
  Ich sagt' ihr alles, und sie liebt nur dich!

Christian schließt die Augen.

ROXANE. Geliebter!

CARBON. Ladstock hoch!

ROXANE *zu Cyrano.* Nicht wahr, er muß
  Nicht sterben?

CARBON. Angeschlagen!

ROXANE. Mir will scheinen,
  Daß seine Wange kalt wird an der meinen!
  Ein Brief auf seiner Brust! *Sie öffnet ihn.*
  Für mich!

CYRANO *beiseite.* Mein Brief!

CARBON. Gebt Feuer!

CYRANO *will seine Hand losmachen, welche von der knienden Roxane festgehalten wird.*
Ich muß zum Kampf!
ROXANE *ihn zurückhaltend.* Noch nicht! Nun ist er tot.
Sie kannten ihn. Auch Ihnen war er teuer.

Sie weint sanft.

Welch süßen Zauber seine Seele bot,
Sie wußten's!
CYRANO *stehend, mit entblößtem Haupt.*
Ja, Roxane.
ROXANE. Denn er war
Ein Dichter.
CYRANO. Ja.
ROXANE. Sein Geist so fein und klar!
CYRANO. Gewiß.
ROXANE. Und alles Niedrige, Profane
Blieb seinem Herzen ferne.
CYRANO *fest.* Ja, Roxane.
ROXANE *wirft sich über Christians Leiche.*
Er starb!
CYRANO *für sich, den Degen ziehend.*
Und ihm zu folgen ist mein Sehnen,
Da sie mich ahnungslos in ihm beweint!
GUICHE *erscheint auf der Böschung, zerzaust, mit einer Wunde auf der Stirn und ruft mit donnernder Stimme.*
Hört ihr das Zeichen? Das ist nicht der Feind!
Mit Lebensmitteln kehrt der Marschall wieder.
Drum haltet aus!
ROXANE. Sein Brief voll Blut und Tränen!
EINE STIMME *hinter der Bühne.*
Ergebt euch!
VIELE KADETTEN. Nein!
RAGUENEAU *welcher vom Kutschbock aus über die Böschung sehend die Schlacht verfolgt.*
's wird schlimm!
CYRANO *zu Guiche, auf Roxane deutend.*
Ich muß in Ihrer Hut

Sie lassen.

ROXANE *den Brief küssend, mit schwacher Stimme.*

Seine Tränen und sein Blut!

RAGUENEAU *springt vom Wagen herab, um zu ihr zu eilen.*

Sie taumelt!

GUICHE *auf der Böschung, den Kadetten wild zurufend.*

Haltet aus!

EINE STIMME *hinter der Bühne.* Die Waffen nieder!

VIELE KADETTEN. Nein!

CYRANO *zu Guiche.* Sie bewiesen Ihres Mutes Größe:

Auf Roxane deutend.

Fliehn Sie mit ihr!

GUICHE *eilt zu Roxane und hebt sie auf.*

Sei's drum! Weicht nicht zurück!

Bald kommt ja Hilfe.

CYRANO. Gut!

*Zur ohnmächtigen Roxane hinüberrufend, welche von Guiche unter
Ragueneaus Beistand fortgeschafft wird.*

Leb wohl, Roxane!

*Lärm. Verwundete Kadetten erscheinen und sinken hin. Cyrano, der
sich in den Kampf stürzen will, wird auf dem Kamm der Böschung
von dem blutbefleckten Carbon aufgehalten.*

CARBON. Wir wanken! Ich empfing zwei Lanzenstöße.

CYRANO *den Kadetten laut zurufend.*

Vorwärts, Gascogner!

Zu Carbon, welchen er stützt.

Unbesorgt, mein Treuer!

Zwei Tote räch ich: Christian und mein Glück!

*Er steigt mit ihm herab und schwingt die Lanze, an welche Roxanens
Schnupftuch gebunden ist.*

Nun flattre lustig, du geliebte Fahne!

Er pflanzt sie auf den Boden. Zu den Kadetten.

Drauflos! *Zum Pfeifer.* Spiel deine Weisen!

*Der Pfeifer spielt. Verwundete erheben sich wieder. Kadetten eilen
die Böschung herab und scharen sich um Cyrano und die kleine
Fahne. Andere steigen in und auf den Wagen, der, von Waffen
starrend, nun einer Schanze gleicht.*

EIN KADETT *erscheint, rückwärts gehend und dabei fechtend, auf dem
Kamm und schreit.*
Sie ersteigen
Den Wall! *Er fällt tot hin.*
CYRANO. Man wird sie grüßen!

*Die Böschung ist im Nu mit Feinden angefüllt. Die großen Standarten
der Kaiserlichen tauchen auf.*

CYRANO. Feuer!

Salve der Kadetten.

STIMME *in den Reihen der Feinde.* Feuer!

Gegensalve. Viele Kadetten fallen.

EIN SPANISCHER OFFIZIER *sichtbar werdend.*
Wer sind sie, die dem Tod die Stirne zeigen?
CYRANO *im Kugelregen deklamierend.*
Das sind die Gascogner Kadetten;
Ihr Hauptmann ist Castel-Jaloux.
Sie raufen und lügen und wetten.

Er dringt auf die Feinde ein, gefolgt von den wenigen Überlebenden.

Das sind die Gascogner Kadetten …

Der Schlachtlärm übertönt das Weitere. Der Vorhang fällt.

Fünfter Aufzug

Cyranos Wochenchronik

Fünfzehn Jahre später: 1655. Der Klostergarten der Nonnen vom Orden des Kreuzes, in Paris.

Stattliche Bäume. Links das Haus, mit mehreren Türen und einer breiten Freitreppe. In der Mitte der Bühne steht isoliert ein mächtiger Baum, als Mittelpunkt eines kleinen ovalen Platzes. Rechts vorn, zwischen Buchsbaumhecken, eine halbkreisförmige Steinbank.

Längs des ganzen Hintergrundes zieht sich eine Allee von Kastanienbäumen und mündet rechts hinten bei der Tür einer aus dem Laubwerk hervorschimmernden Kapelle. Hinter der doppelten Baumreihe sieht man weite Rasenflächen, andere Alleen, Boskets, den Himmel. Eine kleine Seitenpforte der Kapelle führt in einen mit rotem Weinlaub übersponnenen Säulengang, welcher sich rechts vorn hinter den Hecken verliert.

Es ist Herbst. Alles Laub über dem frischgrünen Rasen ist rot. Buchs und Taxus heben sich wie dunkelgrüne Flecken davon ab. Unter jedem Baum liegen welke Blätter; sie bedecken die ganze Bühne, rascheln unter den Schritten und lagern zahlreich auch auf der Freitreppe und den Bänken.

Zwischen der Bank vorn rechts und dem Baum ein großer Stickrahmen; davor ein kleiner Stuhl. Körbchen voll Strähnen und Knäueln; angefangene Stickerei. Beim Aufgehen des Vorhangs Kommen und Gehen der Nonnen; einige sitzen auf der Bank; in ihrer Mitte eine ältere Klosterfrau. Welke Blätter fallen.

Erster Auftritt

Mutter Marguerite. Schwester Marthe. Schwester Claire. Nonnen.

SCHWESTER MARTHE *zu Mutter Marguerite.*
  Ich sah, daß Schwester Claire heut in den Spiegel blickte,
  Wie ihr das Häubchen steht.
MUTTER MARGUERITE *zu Schwester Claire.*
  Sehr unrecht, freilich!
SCHWESTER CLAIRE. Ich sah, wie Schwester Marthe am Kuchen
  pickte
  Und eine Pflaume nahm.
MUTTER MARGUERITE *zu Schwester Marthe.*
  Sehr unverzeihlich!
SCHWESTER CLAIRE. Ein Blickchen nur!
SCHWESTER MARTHE. Ein Pfläumchen nur, ganz klein.
MUTTER MARGUERITE. Heut abend sag ich's Herrn Cyrano.
SCHWESTER CLAIRE *erschrocken.* Nein!
  Dann wird er spotten!
SCHWESTER MARTHE. Daß kokett die Nonnen …
SCHWESTER CLAIRE. Naschhaft …
MUTTER MARGUERITE *lächelnd.* Und liebreich.
SCHWESTER CLAIRE. Mutter Marguerite,
  Seit wieviel Jahren lenkt er seinen Schritt
  Allwöchentlich hierher?
MUTTER MARGUERITE. Schon vierzehn sind verronnen,
  Seit seine Base, jedem Troste feind,
  Mit unsern Leinwandhäubchen hat vereint
  Ihr dunkles Witwenkleid, wie wenn ins Bauer
  Ein schwarzes Vöglein fliegt zu lauter weißen.
SCHWESTER MARTHE. Nur er kann sie der unstillbaren Trauer,
  Der sie sich hier im Kloster weiht, entreißen.
ALLE SCHWESTERN. Wir sehn ihn gern! Wie spaßig er doch ist!
  Stets heiter! Und wie drollig er uns neckt!
  Zum Danke backen wir für ihn Konfekt.
SCHWESTER MARTHE. Ich zweifle nur, ob er ein guter Christ.
SCHWESTER CLAIRE. Wir wollen ihn bekehren!

DIE SCHWESTERN. Ja!
MUTTER MARGUERITE. Kein Wort!
  Ihr dürft nicht ins Gebet ihn nehmen, Kinder;
  Denn falls ihr ihn belästigt, bleibt er fort.
SCHWESTER MARTHE. Und Gott …?
MUTTER MARGUERITE. Je nun, Gott kennt ihn drum nicht minder.
SCHWESTER MARTHE. Doch jeden Samstag kündet er uns Schwestern
  Mit Stolz: »Ich habe nicht gefastet gestern.«
MUTTER MARGUERITE. Der Ärmste! Wisset, ich vernahm, er faste
  Oft tagelang.
SCHWESTER MARTHE. Warum?
MUTTER MARGUERITE. Aus Not.
SCHWESTER MARTHE. Sie glauben?
  Von wem erfuhren Sie's?
MUTTER MARGUERITE. Von Herrn Le Bret.
SCHWESTER MARTHE. Hilft niemand ihm?
MUTTER MARGUERITE. Er würd' es nicht erlauben.

In der Allee wird Roxane sichtbar, schwarz gekleidet, mit
Witwenhaube und langem Schleier. Guiche, gealtert und prunkvoll,
geht neben ihr. Sie schreiten langsam. Mutter Marguerite steht auf.

  Nun aber kommt hinein! Mit einem Gaste
  Lustwandelt Frau Madeleine in der Allee.
SCHWESTER MARTHE *leise zu Schwester Claire.*
  Ist das der Herzog von Grammont?
SCHWESTER CLAIRE *hinschauend.* Ja, richtig.
SCHWESTER MARTHE. Lang blieb er fern.
DIE SCHWESTERN. Sein Amt ist zu gewichtig!
  Der Dienst bei Hof! Der Krieg!
SCHWESTER CLAIRE. Weltliche Sorgen!

Sie gehen ab. Guiche und Roxane kommen schweigend nach vorn,
bleiben in der Nähe des Stickrahmens stehen. Pause.

Zweiter Auftritt

Roxane. Herzog von Grammont, einstiger Graf Guiche. Dann Le Bret, Ragueneau.

HERZOG. Bleibt Ihre Jugend stets der Welt verborgen?
  Stets trauernd?
ROXANE. Stets.
HERZOG. Und treu?
ROXANE. Auch das.
HERZOG *nach einer Pause.* Und mir
  Vergaben Sie noch nicht?
ROXANE *neue Pause.* Das lernt man hier.
HERZOG. War er so einzig?
ROXANE. Oh, man mußt' ihn kennen!
HERZOG. Mag sein. Ich kannt' ihn kaum. Und niemals trennen
  Sie sich von seinem letzten Brief?
ROXANE. Beständig
  Auf meinem Herzen ruhn die teuren Zeilen.
HERZOG. Sie lieben noch den Toten?
ROXANE. Ja, zuweilen
  Glaub ich, daß ihn der Tod mir nicht entriß;
  Denn seine Lieb' umschwebt mich wie lebendig.
HERZOG *nach einer neuen Pause.*
  Und kommt Cyrano manchmal?
ROXANE. O gewiß.
  Der alte Freund ersetzt für mich die Zeitungsblätter.
  Hier unterm Baum hat er bei schönem Wetter
  Sein Lieblingsplätzchen. Ich erwart ihn stickend,
  Und pünktlich mit dem Glockenschlage stets
  Erkenn ich seinen Schritt, kaum aufwärts blickend.
  Er spottet meiner ew'gen Stickerei,
  Setzt sich und plaudert und erzählt dabei
  Die Wochenchronik ... *Le Bret erscheint auf der Freitreppe.*
  Herr Le Bret!
  Le Bret kommt herab. Wie geht's
  Dem Freunde?

LE BRET. Schlecht.

HERZOG. Oh!

ROXANE *zum Herzog.* Nein, er übertreibt!

LE BRET. Vereinsamung und Not so mußt' es kommen!
Nur neue Feinde schafft ihm, was er schreibt!
Er greift die Stutzer an, die falschen Frommen,
Maulhelden, Pfuscher kurz, die ganze Welt!

ROXANE. Er ist gefeit; sein unbesiegter Degen
Schreckt jeden Feind.

HERZOG *achselzuckend.* Das sei dahingestellt.

LE BRET. Nicht seine Händel sind's, die mich erregen.
Ich kenne weit gefährlichere Dränger:
Frost, Einsamkeit und der Entbehrung Jammer
Ziehn heimlich ein in seine dunkle Kammer!
Schon schnallt er täglich seinen Gürtel enger;
Die Farbe seiner armen Nase gleicht
Dem Pergament; sein Rock ist abgetragen …

HERZOG. Beklagt ihn nicht! Er hat nicht viel erreicht;
Jedoch …

LE BRET *mit bitterem Lächeln.* Herr Marschall!

HERZOG. Ist er zu beklagen?
Er konnte stets auf eignen Füßen stehn
Und blieb von Rücksicht und von Zwang befreit.

LE BRET *wie oben.*
Herr Herzog!

HERZOG *hochmütig.* Ja gewiß, ich bracht' es weit;
Er nicht. Doch schätz ich ihn.
Zu Roxane. Auf Wiedersehn!

ROXANE. Ich führe Sie.

*Der Herzog grüßt Le Bret und wendet sich mit Roxane der Freitreppe
zu.*

HERZOG *bleibt, während sie die Stufen hinansteigt, stehen.*
Fast könnt' ich ihn beneiden.
Denn wer zum Ziel der kühnsten Wünsche kam,
Muß, auch wenn schwere Schuld ihn nicht belastet,
Vom eignen Herzen manchen Vorwurf leiden;
Nicht Reue fühlt er, aber leise Scham.

Dieweil von Stufe man zu Stufe hastet,
Schleift unsres reichen Herzogmantels Schleppe
Ein Heer von toten Illusionen mit,
Wie jetzt Ihr Trauerkleid bei jedem Schritt
Die welken Blätter nachzieht auf der Treppe.
ROXANE *ironisch.*
Plötzlich so träumerisch?
HERZOG. Ja.
Im Begriff, abzugehen, kurz. Herr Le Bret!

Zu Roxane.

Vergebung! *Er geht zu Le Bret; halblaut.*
Ihren Freund zu fordern wagt
Wohl keiner; aber vielen tat er weh.
Gestern bei Hof hat jemand mir gesagt:
»Dieser Cyrano scheint mir seines Lebens
Nicht sicher.«
LE BRET. Ah?
HERZOG. Drum dürft' ihm Vorsicht frommen.
LE BRET *die Arme zum Himmel hebend.*
Vorsicht! Ich werd ihn mahnen; doch vergebens!
ROXANE *welche noch auf der Freitreppe steht, zu einer auf sie zukommenden Schwester.*
Was gibt's?
DIE SCHWESTER. Herr Ragueneau.
ROXANE. Er möge kommen.

Zum Herzog und zu Le Bret.

Längst bilden nur noch Klagen sein Programm.
Als Autor jäh gescheitert, ward er schnell
Schauspieler …
LE BRET. Bader …
ROXANE. Organist …
LE BRET. Pedell …
ROXANE. Barbier … Was er wohl jetzt ist?
RAGUENEAU *erregt und eilig eintretend.* Oh, Madame!

Er begrüßt Le Bret.

ROXANE *lächelnd.*

Gleich. Sie berichten Ihre Schicksalsschläge
Inzwischen Herrn Le Bret.

RAGUENEAU. Doch …

*Roxane geht, ohne ihn zu hören, mit dem Herzog ab. Er eilt zu Le
Bret.*

Dritter Auftritt

Le Bret. Ragueneau.

RAGUENEAU. Nun ich **Sie** hier finde,
Ist's freilich besser, wenn sie nichts erfährt!
Zu unserm Freund war just ich auf dem Wege.
Dem Haus schon nah, seh ich, wie er's geschwinde
Verläßt und um die Straßenecke kehrt.
Ich lauf ihm schleunigst nach, erblick ihn wieder:
Da wirft aus einem Fenster ein Lakai
War's bloßer Zufall? ein Stück Holz hernieder.

LE BRET. O Schurkenstreich!

RAGUENEAU. Ich eile schnell herbei …

LE BRET. Nun?

RAGUENEAU. Unser Dichter liegt am Boden, bleich,
Die Stirn gespalten wie von einem Hammer!

LE BRET. Tot?

RAGUENEAU. Nein; jedoch … mein Gott, ich bracht' ihn gleich
Zu seinem Haus, in seine dürft'ge Kammer.

LE BRET. Er leidet?

RAGUENEAU. Sein Bewußtsein ist geschwunden.

LE BRET. Und kam ein Arzt …?

RAGUENEAU. Aus Mitleid, ja.

LE BRET. Mein lieber,
Mein armer Freund! Sie darf erst nach und nach
Die Wahrheit hören! Und der Arzt?

RAGUENEAU. Er sprach
Ich weiß nicht recht von einem Hirnhautfieber …
Ach, wenn Sie jetzt ihn sehn die Stirn verbunden! …

Wir müssen eilen! Niemand ist zur Stelle,
Und aufstehn darf er nicht; es würd' ihn töten!
LE BRET *ihn nach rechts fortziehend.*
Der Weg ist kürzer! Komm! Durch die Kapelle!
ROXANE *erscheint auf der Freitreppe und sieht, wie Le Bret sich durch
den Säulengang, welcher zu der kleinen Tür der Kapelle führt, entfernt.*
Le Bret!

Le Bret und Ragueneau schnell ab, ohne zu antworten.

Geht er und hört mich nicht? Was mag
Der gute Ragueneau von seinen Nöten
Erzählt ihm haben? *Sie steigt herab.*

Vierter Auftritt

Roxane, allein. Dann zwei Schwestern.

ROXANE. Welch ein schöner Tag!
Vorm Lenz bebt meine Trauer scheu zurück;
Doch sanfter Herbst erleichtert ihr die Fessel.

*Sie setzt sich an ihren Stickrahmen. Zwei Schwestern bringen aus
dem Haus einen großen Lehnstuhl und stellen ihn unter den Baum.*

Ah, meines alten Freundes Lieblingssessel.
Habt Dank!
SCHWESTER MARTHE. 's ist unser bestes Möbelstück.

Die Schwestern entfernen sich.

ROXANE. Nun kommt er bald.

Sie schickt sich zur Arbeit an. Eine Uhr schlägt.

Da schlägt die Uhr. Wohin
Tat ich den Knäuel? Hier! Sie schlug die volle Zahl.
Seltsam! Kommt er zu spät zum erstenmal?
Mein Fingerhut? Die Schwester Pförtnerin
Ermahnt ihn wohl zur Buße. *Kleine Pause.* Ja, sie hat
Ihn wohl ermahnt. Deshalb! Ein welkes Blatt!

Sie wirft mit einem Finger das auf den Stickrahmen gefallene Blatt herunter.

Was könnt' ihn sonst Die Schere? … Hier im Pack!
Am Kommen hindern?
EINE SCHWESTER *erscheint auf der Freitreppe.*
Herr von Bergerac.

Fünfter Auftritt

Roxane. Cyrano. Später Schwester Marthe.

ROXANE *ohne sich umzuwenden.*
Ich wußt' es ja!

Sie stickt. Cyrano erscheint, sehr bleich, den Filzhut tief in die Stirn gedrückt. Die Schwester, die ihn geleitet, geht ins Haus zurück. Er steigt langsam die Treppe herab, sich auf seinen Stock stützend und mit sichtbarer Anstrengung sich aufrecht haltend. Roxane arbeitet weiter.

Die Farben sind zu fahl …

Zu Cyrano, mit gutmütigem Schmollen.

Seit vierzehn Jahren heut zum erstenmal
Verspätet!
CYRANO *ist zum Sessel gelangt und hat sich gesetzt; mit einer Heiterkeit, die seinem Aussehen widerspricht.*
Unerhört! Ich tob und fluche
Vor Ärger, daß ich aufgehalten ward!
ROXANE. Von wem?
CYRANO. Von einem lästigen Besuche …
ROXANE *stickend, zerstreut.*
Ach so!
CYRANO
… der, wenn er einmal kommt, verharrt.
ROXANE. Sie schickten ihn nach Haus?
CYRANO. Ich sprach: Verzeihen Sie;
Doch heut ist Samstag; in Beschlag genommen

Bin ich durch einen Gang, den ich noch nie
Versäumt. Sie können später wiederkommen.
ROXANE *leichthin.*
Der Mensch soll warten, wenn er doch nicht weicht!
Vorm Abend laß ich Sie nicht gehn.
CYRANO. Vielleicht
Muß ich schon früher fort.

*Er schließt die Augen. Kurze Pause. Schwester Marthe kommt aus
der Kapelle und geht quer über die Bühne zur Freitreppe. Roxane
bemerkt sie und macht ihr mit einer leichten Kopfbewegung ein
Zeichen.*

ROXANE *zu Cyrano.* Sie necken sich
Heut nicht mit Schwester Marthe?
CYRANO *die Augen aufschlagend, rasch.*
Doch! *Laut, mit drolliger Stimme.*
Vorbild aller Schwestern!

Schwester Marthe nähert sich ihm schüchtern.

Ha, ha! Stets tief gesenkt die schönen Augen!
SCHWESTER MARTHE *hebt lächelnd ihre Augen zu ihm empor.* Ich
…

*Sie bemerkt sein verändertes Aussehen; mit einer Bewegung des
Erstaunens.*

Oh!
CYRANO *leise, auf Roxane deutend.*
Still!

Laut, mit großsprecherischem Ton.

Ich habe nicht gefastet gestern.
SCHWESTER MARTHE *für sich.*
Drum ist er auch so bleich!

Schnell und leise.

Ich will sofort
Im Refektorium eine kräft'ge Brühe
Bestellen. Und Sie kommen?

CYRANO. Auf mein Wort!
SCHWESTER MARTHE. Das ist vernünftig.
ROXANE *hört sie miteinander flüstern.*
  Gibt sie nun sich Mühe,
  Sie zu bekehren?
SCHWESTER MARTHE. Niemals!
CYRANO. Heut so mild?
  Sie, sonst im frommen Eifer so beredt,
  Sie predigen mir nicht? Ist das zu glauben?

Mit scherzhafter Heftigkeit.

Zum Henker, wenn's Unglaublichkeiten gilt,
Dann will ich Ihnen meinethalben erlauben …

als ob er nach einem guten Scherzwort gesucht und es gefunden hätte

Mich einzuschließen heut in Ihr Gebet.
ROXANE. Oh!
CYRANO *lachend.*
  Nun, wo bleibt der Überraschungsschrei?
SCHWESTER MARTHE *sanft.*
  Bevor Sie mir's erlaubten, tat ich's schon.

Sie geht ins Haus.

CYRANO *sich wieder Roxane widmend, die über ihren Stickrahmen gebeugt ist.*
  Potz Blitz, das Ende dieser Stickerei
  Möcht' ich erleben!
ROXANE *lächelnd.* Stets der alte Hohn!

Ein Windhauch weht Blätter herab.

CYRANO. Die Blätter!
ROXANE *blickt auf und sieht nach den Alleen hin.*
  Sie sind venetianisch blond.
CYRANO. Und wie sich jedes noch im Fallen sonnt!
  Trotz ihrer Angst, zu faulen auf der Erde,
  Verwandeln sie den kurzen Todeszug,
  Damit ihm eine letzte Schönheit werde,
  In einem anmutvollen Flug.

ROXANE. So melancholisch Sie?

CYRANO *sich besinnend.* Nein, Gott bewahre!

ROXANE. Von welken Blättern reden wir, anstatt
   Daß Ihre Neuigkeiten ich erfahre …
   Die Chronik …!

CYRANO. Gut!

ROXANE. Ah!

CYRANO *immer bleicher werdend und gegen die Schmerzen ankämpfend.*
   Letzten Samstag hat
   Der König achtmal Traubenmus gegessen;
   Doch von den Ärzten ward sein Magenpressen
   Als Majestätsbeleidigung verdammt,
   Und sein erhabner Puls ist hergestellt.
   Am Sonntag großer Ball bei Hof, umflammt
   Von tausend Kerzen aus schneeweißem Wachs.
   Johann von Österreich ward besiegt im Feld.
   Fünf Hexen hängte man; dem kleinen Dachs
   Von Madame d'Athis gab man ein Klystier …

ROXANE. Still, bitte!

CYRANO. Montag nichts. Nur Lygdamire
   Nahm wieder einen neuen Liebsten.

ROXANE. Oh!

CYRANO *dessen Züge sich mehr und mehr verändern.*
   Am Dienstag war der Hof in Fontainebleau.
   Den Grafen Fiesque frug Mittwoch die Montglat:
   Nein! Donnerstag: ob die Mancini Ränke spinne.
   Am Freitag gab er ihr zur Antwort: Ja.
   Und heute, Samstag …

   Er schließt die Augen. Sein Kopf fällt vornüber. Pause.

ROXANE *von seinem Schweigen überrascht, wendet sich um, sieht ihn
   an und steht erschrocken auf.*
   Schwanden ihm die Sinne?

   Sie eilt zu ihm hin und ruft.

   Cyrano!

CYRANO *die Augen wieder aufschlagend, mit schwankender Stimme.*
   Ja … Was gibt's?

*Er sieht Roxane, die sich über ihn gebeugt hat, setzt schnell seinen
Hut fest und weicht in seinem Sessel erschreckt vor ihr zurück.*

Besorgt? Nein, Possen!
's ist gar nichts!
ROXANE. Aber …
CYRANO. Meine Wunde nur …
Von Arras … spukt noch manchmal …
ROXANE. Armer Freund!
CYRANO. Das schadet nichts. Es geht vorbei.
Mit Anstrengung lächelnd. Schon gut.
ROXANE *vor ihm stehend.*
Auch meine Wunde hat sich nie geschlossen
Und schmerzt beständig. Ihre frische Spur *sie legt die Hand auf die
Brust*
Birgt hier der Brief, den schon das Alter bräunt;
Doch zeigt er noch die Tränen und das Blut.

Es beginnt zu dämmern.

CYRANO. Sie sagten, einst dürft' ich ihn lesen. Halten
Sie dieses Wort?
ROXANE. Sie wollen?
CYRANO. Ich bewerbe
Mich heut darum …
ROXANE *gibt ihm das Beutelchen, welches sie an einem Bande auf der
Brust getragen.* Hier.
CYRANO *nimmt es.* Darf ich ihn entfalten?
ROXANE. Nur zu!

*Sie geht zu ihrem Stickrahmen zurück, legt ihn zusammen, ordnet
ihre Stickwolle.*

CYRANO *liest.* »Roxane, lebe wohl; ich sterbe!«
ROXANE *stutzt.*
Sie lesen laut?
CYRANO *liest.* »Bald ruft mich mein Geschick!
Wie voll mein Herz von Zärtlichkeit gewesen,
Hast du's geahnt? Nie wird mein trunkner Blick,
Nie mehr in sel'ger Lust …«

ROXANE. Wie schön Sie lesen!
CYRANO *fortfahrend.*

»Die Lüfte küssen, die du Zauberin
Mit lieblichen Gebärden leis bewegt;
Wie deine Hand sich an die Stirne legt,
Ich seh's im Geist, und Grüße send ich hin ...«
ROXANE. Sie lesen seinen Brief so ...

Es wird allmählich Nacht.

CYRANO. »Tausend Grüße.
Leb wohl! ...«
ROXANE. Sie lesen ihn ...
CYRANO. »Du Holde, Süße ...«
ROXANE. Mit einer Stimme ...
CYRANO. »Du Geliebte ...!«
ROXANE. Nein,
Die Stimme hör ich nicht zum erstenmal!

*Sie nähert sich ganz leise, ohne daß er es bemerkt, tritt hinter den
Sessel, beugt sich sacht vornüber und betrachtet den Brief. Die
Dunkelheit nimmt zu.*

CYRANO. »Mein ganzes Herz ist auch im Tode dein,
Und alle Glut, die liebend ich dir zolle,
Flammt noch in meiner Augen letztem Strahl ...«
ROXANE *ihm die Hand auf die Schulter legend.*
Wie können Sie noch lesen? Es ist Nacht.

*Er zittert, wendet sich um, sieht sie dicht hinter sich, macht eine
Bewegung des Schreckens, senkt das Haupt. Lange Pause. Es ist völlig
dunkel geworden. Endlich sagt sie langsam, mit gefalteten Händen.*

Und vierzehn Jahre spielt er diese Rolle
Der alte Freund zu sein, der Späße macht!
CYRANO. Roxane, nein!
ROXANE. **Sie** waren's!
CYRANO. Nein, Roxane!
ROXANE. Und ich erriet es nicht!
CYRANO. Nein, nein!

ROXANE. Genug!

> **Sie** waren's!

CYRANO. Nein, ich schwör's!

ROXANE. Umsonst. Ich ahne

> Den ganzen heldenmütigen Betrug.
>
> Das ist **Ihr** Brief …

CYRANO. Nein!

ROXANE. Jedes süße Wort

> Von Ihnen …

CYRANO. Nein!

ROXANE. Die nächt'ge Stimme Sie!

CYRANO. Ich schwör's!

ROXANE. Sie schenkten Ihre Seele fort!

CYRANO. Ich liebte Sie ja nicht.

ROXANE. Doch!

CYRANO. Er allein!

ROXANE. Sie liebten mich!

CYRANO. Nein!

ROXANE. Schwächer wird Ihr Nein.

CYRANO. Nein, nein, geliebtes Kind, dich lieb' ich nie!

ROXANE. Was tot ist, und was … lebt, verschmilzt in eins!

> Warum nur schwiegen Sie seit vierzehn Jahren?
>
> Die Tränen hier auf diesem Briefe waren
>
> Ja doch die Ihrigen!

CYRANO *ihr den Brief hinreichend.*

> Das Blut war seins.

ROXANE. Wenn edle Rücksicht Ihre Zunge band,

> Warum grad heut …

CYRANO. Warum?

> *Le Bret und Ragueneau kommen in größter Eile.*

Sechster Auftritt

Vorige. Le Bret. Ragueneau.

LE BRET. Der Unverstand,
  Ich hab's mir wohl gedacht!
CYRANO *richtet sich lächelnd auf.* Ei sapperlot!
LE BRET. Daß er hierher kam, tötet ihn!
ROXANE. Mein Gott!
  So war's vorhin nicht nur die alte Wunde …?
CYRANO. Nun ja denn, meine Chronik setz' ich fort:
  … Und heute Samstag, in der Abendstunde,
  Fiel Herr von Bergerac durch Meuchelmord.

Er nimmt seinen Hut ab; Stirn und Kopf sind von einem Verband
bedeckt.

ROXANE. Was sagt er? Was geschah? Sein Haupt umschnürt!
  Cyrano!
CYRANO. »Einem Helden unterlegen,
  Ruhmvoll im Herzen den geschliffnen Degen!«
  Mein Schicksal wollt' es anders und gebot,
  Daß einem Streiche, den ein Knecht geführt,
  Und feiger Hinterlist ich unterläge!
  Alles mißglückte mir, sogar mein Tod.
RAGUENEAU. Ach, schändlich!
CYRANO. Alter, weine nicht so sehr!

Er reicht ihm die Hand.

  Womit verdienst du nun dein Brot, Kollege?
RAGUENEAU *unter Tränen.*
  Ich … ich bin Lampenputzer bei Molière.
CYRANO. Molière!
RAGUENEAU. Doch morgen geh ich von ihm fort,
  Weil gestern im »Scapin« ich voll Empörung sah:
  Ein Auftritt ist entlehnt von Ihnen.
LE BRET. Ja.
RAGUENEAU. Der Scherz mit der Galeere Wort für Wort.

LE BRET. Die Szene stahl er dir!
CYRANO. Still! Er tat recht.

Zu Ragueneau.

Wie machte sich die Szene? Wohl nicht schlecht?
RAGUENEAU *schluchzend.*
  Man lachte, Herr, man lachte …!
CYRANO. Ich war immer
Der, welcher einbläst und im Schatten steht.

Zu Roxane.

Gedenken Sie des Abends, als im Schimmer
Des Monds Christian um einen Kuß gefleht?
So war mein Los: Ich, der die Worte lieh,
Stieg nicht empor, den Kuß des Ruhms zu spüren,
Und dennoch darf ich keine Klage führen:
Christian war schön, Molière ist ein Genie.

*Die Glocke der Kapelle hat zu läuten angefangen. Durch die Allee
des Hintergrundes begeben sich die Nonnen zum Gottesdienst.*

Das Glöcklein schallt; sie schreiten zum Gebet.
ROXANE *erhebt sich und ruft.*
  Ihr Schwestern!
CYRANO *sie zurückhaltend.*
  Gehn Sie nicht, sie mir zu bringen!
Eh' Sie zurück sind, wär' es schon zu spät.

Die Nonnen sind in die Kapelle eingetreten; man hört die Orgel.

Nun hör ich noch ein wenig Wohllaut klingen.
ROXANE. Ich liebe Sie!
CYRANO. Nein, nur im Märchenreiche
Schmilzt des verschämten Prinzen Häßlichkeit,
Wenn ihn der Liebe Sonnenwort befreit …
Du würdest sehn, daß ich noch stets der Gleiche.
ROXANE. Ich war Ihr Unglück!
CYRANO. Willst du dich verlästern?
Die Mutter selbst fand mich nicht hübsch, und Schwestern
besaß ich nicht. Vor jedem Liebestraum

Ließ mich die Furcht vor Spott erbeben.
Dir dank ich's, dir allein, daß durch mein Leben
Gestreift ist eines Frauenkleides Saum.
LE BRET *zeigt ihm den Mond, welcher durch die Zweige scheint.*
Dein alter Freund!
CYRANO *dem Monde zulächelnd.* Ich seh's!
ROXANE. Ein einzig Wesen
Nur lieb' ich und verlier's zum zweitenmal!
CYRANO. Le Bret, zu diesem leuchtenden Opal
Werd ich heut ohne Hilfsmaschinen steigen.
ROXANE. Was sagen Sie?
CYRANO. Ja, dort werd ich genesen;
Dort werden in der Geister sel'gem Reigen
Mir Sokrates und Galilei nahn
Und als bescheidnen Schüler mich empfahn.
LE BRET *ausbrechend.*
Ingrimm und Zorn vereinen sich dem Weh!
Solch edles Leben flieht! Und nicht zu retten!
Fluch seinen Mördern!
CYRANO. Brumme nicht, Le Bret!
LE BRET *in Tränen.*
Mein teurer Freund ...
CYRANO *sich aufrichtend, mit wirrem Blick.*
Das sind die Gascogner Kadetten ...
Kopernikus ... Ja! ... Das Gesetz der Schwere ...
LE BRET. Gelehrsamkeit im Fieber!
CYRANO. Die Natur
Gibt Aufschluß ...
ROXANE. Oh!
CYRANO. »Was Teufel wollt' er nur,
Was Teufel wollt' er nur auf der Galeere?«

Musiker und Reimedrechsler,
Physiker, Philosoph und Fechter,
Zungenfertiger Schlagwortwechsler,
Mondreisender ohne Sack und Pack,
Liebhaber auch jedoch ein schlechter!
Hier ruht und wartet des Jüngsten Gerichts

Cyrano Savinien Herkules von Bergerac,
Der alles gewesen und dennoch nichts.

Doch nun verzeiht; nun muß ich euch verlassen:
Ihr seht, der Strahl des Mondes will mich fassen.

*Er ist zurückgesunken; Roxanens Tränen rufen ihn zur Wirklichkeit
zurück; er sieht sie an und streichelt ihren Schleier.*

Sie sollen Ihren Christian stets beweinen;
Nur bitt ich, geben Sie, wenn ich der Fessel
Des Erdenseins entledigt bin,
Dem schwarzen Schleier einen Doppelsinn,
Um ihn und mich auch trauernd zu vereinen.
ROXANE. Ich schwör es Ihnen!
CYRANO *von Frost geschüttelt, erhebt sich gewaltsam.*
Nein, nicht hier im Sessel!

Man will zu ihm eilen.

Und niemand soll mich stützen!
Er lehnt sich an den Baum. Nur der Stamm!

Pause.

Er kommt, mir Marmorstiefel anzulegen,
Handschuh' von Blei! *Sich aufraffend.*
Er kommt. Ich will ihm stramm
Ins Antlitz schauen, *den Degen ziehend* in der Hand den Degen.
LE BRET. Cyrano, hör!
ROXANE *einer Ohnmacht nahe.*
Cyrano!

Alle weichen erschrocken zurück.

CYRANO. Schielt er nicht
Nach meiner Nase, der stumpfnäs'ge Wicht?

Den Degen erhebend.

Ihr sagt, es sei vergeblich? Wohl, ich weiß!
Schlägt man sich nur in Hoffnung auf den Sieg?
Weit schöner ist ein aussichtsloser Krieg.

Was kommt dort an? Welch lästiges Geschmeiß?
Der ganze Troß der alten Widersacher!
Die Lüge?

Er sticht mit seinem Degen ins Leere.

Da! Der überlebte Brauch,
Feigheit und Vorurteil!

Er sticht wieder.

Glaubt ihr, ich treibe Schacher?
Niemals, niemals! Aha, die Dummheit auch!
Ich weiß, ihr triumphiert und bleibt im Rechte;
Was liegt daran? Ich fechte, fechte, fechte!

Er tut wilde Ausfälle und hält endlich keuchend inne.

Entreißt mir nur den Lorbeer und die Rosen!
Mir bleibt ein Gut, trotz aller Stürme Tosen,
Das niemals ward befleckt im Kampfgefild'
Und das ich heut, am Ende meiner Tage,
Getrost zur blauen Himmelsschwelle trage;
Dies Gut *er tut mit erhobenem Degen einen Schritt nach vorwärts es
    ist …*

*Der Degen entsinkt seiner Hand; er taumelt und fällt in die Arme
        von Le Bret und Ragueneau.*

ROXANE *sich über ihn beugend und ihn auf die Stirn küssend.*
    Es ist …?
CYRANO *öffnet noch einmal die Augen, erkennt sie und sagt lächelnd.*
    Mein Wappenschild.

Vorhang